有用的逻辑学

第2版

HOW TO WIN
EVERY
ARGUMENT

The Use And Abuse Of Logic

［美］梅森·皮里（Madsen Pirie）著　蔡依莹　付业莉 译

江西人民出版社

目 录

引言 如何进行论证

1 论证的实质 1
2 成功的论证应该是什么样子 9
3 口头论证 14
4 在媒体上论证 19
5 逻辑之外 24

第一章 认清 11 个形式谬误

1.1 肯定后件 杀死猫的方法不止一种 3
1.2 否定前提的结论 我忘了我前面说的什么 5
1.3 矛盾前提 万物都会死，上帝不会死 8
1.4 否定前件 吸烟速死，戒烟就长寿 10
1.5 双否定前提 No+No=Yes？ 12
1.6 存在谬误 国王骑着独角兽 14
1.7 错误换位 猫是动物，所以动物是猫 16
1.8 不当周延 "有些"的前提推出"全部"的结论 18

1.9　从否定前提得出肯定结论　因为不是，所以是　20

1.10　四词谬误　我喜欢他，他喜欢她，所以我喜欢她　21

1.11　中词不周延　它们都是一路货色　23

第二章　6个语言上的非形式谬误

2.1　重　音　重音的陷阱　27

2.2　语法歧义　有新外壳与备胎的老太太的车　29

2.3　合　称　最强的人组成的军队，就是最强的军队　31

2.4　分　称　最强的军队里每个人都是最强的人　34

2.5　语词歧义　这就要看你有没有诚意啰　37

2.6　实体化　提取夏日天空的蓝放入香皂　40

第三章　22个关联（省略）的非形式谬误

3.1　伪两难推理　普罗塔哥拉的诉讼　45

3.2　隐蔽量化　修车厂的技师都是骗子　48

3.3　贬抑备择选项　因为其他的都很差，所以我的最好　50

3.4　重新定义　我其实是这个意思　53

3.5　外延修剪　我并不是那个意思　56

3.6　闪烁其词　永远不会错的预言　58

3.7　诉诸无知　因为没人证明成立，所以它不成立　60

3.8　忽略了其他可能性　当你抱团取暖时，世界便小了　62

3.9　生命诚可贵　只要能救人性命，那就值得　64

3.10　诉诸"石头"　我不 care　66

3.11　再三重复　说过三遍就是对的　69

3.12　忽视效益　大头大头，下雨不愁　72

3.13　片面评价　情人眼里出西施　74

3.14　驳斥例证　因为举例错误，所以命题不成立　76

3.15　改变立场　我和你其实是一个意思　78

3.16　转移举证责任　你说我不对，证明给我看　80

3.17　特殊抗辩　我们正在聊天，却被周遭的声音打扰　82

3.18　稻草人　夸大对手的立场　84

3.19　证明规则的例外　这只是个例外　86

3.20　鸡蛋里挑骨头　避重就轻，转移焦点　88

3.21　未被认可的省略推理　我以为你知道　90

3.22　难以获得的完美　因为不完美，所以不成立　92

第四章　25个关联（侵扰）的非形式谬误

4.1　诉诸特例　一竹竿打不死一船人　97

4.2　以科学术语蒙蔽　专家还是"砖家"　99

4.3　潮　词　不使用潮词，你就"out"了　101

4.4　集体犯罪　因为你所属阶层有罪，所以你也有罪　103

4.5　诉诸富贵　有钱就有理　105

4.6　情感诉求　煽情的陷阱　108

4.7　每个小学生都知道　你连个孩子都不如　111

4.8　起源谬误　因为是希特勒说的，所以不成立　114

4.9　揭短的人身攻击　因为道德败坏，所以不成立　116

4.10　情境的人身攻击　因为和你有关，所以你不占理　118

4.11　混淆论题　答非所问　120

4.12　不相干的幽默　对手使我想起个笑话　123

4.13　诉诸草根　穷人就有理　126

4.14　圈套语词　修辞也有立场　128

4.15　诉诸怜悯　不幸就有理　131

4.16　井中投毒　除了白痴之外，所有人都同意我　134

4.17　诉诸群众　煽动群众就有理　136

4.18　演示形式凌驾于内容　你好看你说的都对　138

4.19　红鲱鱼　转移话题　140

4.20　失控的火车　若只为拯救更多生命，何不限速0英里？　143

4.21　滑　坡　多米诺骨牌的陷阱　145

4.22　你也一样　五十步笑百步　147

4.23　诉诸权威　跨领域的权威　149

4.24　我们必须要做点什么　方向不对，努力白费　151

4.25　一厢情愿　因为我愿意，所以它成立　153

第五章　23个关联（假定）的非形式谬误

5.1　滥用类比　升级版人身攻击　157

5.2　偶　然　这一定不是例外　159

5.3　类推谬误　美好的比喻就有理　161

5.4　厚古薄今　古老的就是对的　163

5.5　先验论　我意已决，你别说了　165

5.6　二分法　如果你不支持我，你就是反对我　167

5.7　循环论证　因为有鸡就有蛋，所以有蛋就有鸡　169

5.8　复合问句　你的愚蠢是天生的吗？　171

5.9　以相伴定因果　只要一起发生，就有因果联系　173

5.10　死不承认　对手不愿意跳坑，那就给他挖一个　176

5.11 绝对概括 好孩子都会如此 178

5.12 道德优势 除了你，其他人都没心没肺 180

5.13 事后回溯统计 如果不曾遇见你，我将会在哪里 182

5.14 被误用的"零和游戏" 分到的蛋糕不一定此少彼多 185

5.15 赌徒的谬误 因为前四次都是正面，所以第五次应是反面 187

5.16 非预期 如果这样可行，之前早就有人做了 190

5.17 诉诸新奇 新奇的就是对的 192

5.18 乞　题 因为我是对的，所以我是对的 194

5.19 以先后定因果 在此之后，必由于此 196

5.20 以偏概全 特别情况推出普遍结论 198

5.21 诉诸中道 中立就有理 200

5.22 撒切尔夫人的过失 你做什么都是错的 203

5.23 诉诸首创 那为什么之前没有人做过这个？ 205

引言

如何进行论证

1 论证的实质

论证总是始于争议。第一个人提出某种观点，第二个人不同意，提出另一种观点，并且与第一个人说的不相容。所谓不相容，指的是不能同时持有这两种观点：完全有可能一个观点正确，另一个观点错误；或者两个观点都不正确。但是如果这两个观点不相容，它们不可能都是正确的。

"我认为火星上存在生命。"
"我坚持认为火星上没有生命存在。"
（这两个观点是不相容的，你可以支持其中一个观点，但是不能都支持。它们是互相矛盾的，如果一个为真，另一个一定为假，反之亦然。）

"我记得公爵夫人主持新大学的开学典礼时穿了一件黑色的衣服。"
"我记得她在那个场合穿了一件白色的衣服。"
（这两个观点也是不相容的。你可以坚持其中一个观点，但不能同时坚持两个。在这种情况下你还可以选择其他观点，比如说，她可能穿了红色或绿色的衣服。）

当争议存在时，论证意味着一方试图证实己方观点或者证伪对方的观点。我们可以通过提出支持自己立场或者质疑别人立场的证据做到这一点。

尽管当人们仅仅是持有对立观点时，我们可能就会称之为论证，事实上，只有当他们提出论据时才能这样说。如果双方只是简单地重复他们最初的论断，不论重复多少次，都不是事实上的论证。如果他们只是简单地否认对方观点的正确性，这也不是论证。在剧集《巨蟒剧团之飞翔的马戏团》的一段著名滑稽表演中，一个人进入12A房间想要进行论证：

"啊，你在和我辩论。"
"不，我没有。"
"是的，你在这样做。"
"不，我没有。"
"是的，你在这样做。"
……

"这不是一场辩论。"
"是的，这是。"
"不，这不是。"
"是的，这是。"
……

这个表演很幽默，但除非某方提供了论据，否则这段对话只是一场争论而非论证。

论据应该以证据或者附加论证的形式出现，而不是单纯表达愤怒。

"伦敦的特拉法尔加广场上支撑纳尔逊雕像的纪念柱高于185英尺[1]。"

1　1英尺=12英寸=0.3048米。

"不,实际上不到 170 英尺。"

"看!该死的,你明明就知道它超过了 185 英尺!"

(这种情况下,对话中一只打在了桌子上的拳头并不能算是为观点提供了什么高明的支持。)

关于火星上的生命、公爵夫人衣服的颜色和纳尔逊纪念柱高度这三个争论,有一个共同点:它们都关乎事实。火星上存在或不存在生命,公爵夫人穿了某件颜色的衣服,纳尔逊纪念柱是比 185 英尺高还是比 185 英尺低——这些都是可以由论据来判定真伪的论证。每一方都可以引用人们认可的权威材料来强化他们的观点。

在纳尔逊纪念柱这个例子中,2006 年雕塑修缮之后的一份官方报告提到了其在路面水平面上的激光测距结果。测量结果是 169 英尺 3 英寸,明显低于前文提到的 185 英尺。描述这个测量的报告具有相当的权威性,现在人们已经广泛接受了雕塑比预想的低大概 16 英尺的事实。这个证据使得论证的结果令大多数人满意。

不少现场观众应该注意到了公爵夫人主持开学典礼时所穿衣服的颜色,地方或全国性出版社可能刊登了当时的照片,可能会有这个事件的电视录像,通过网络、电视台存档或碰巧当时在录像的人可以看到这份材料。照片或视频中衣服的影像能够作为证据来解决公爵夫人衣服的颜色到底是黑是白这个问题。一旦在论证中给出相关证据,衣服颜色的问题将迎刃而解。

火星上是否存在生命也是一个关于事实的问题,但区别在于它现在(2018 年)还是一个未知的事实。大众视野中,还没有证据能证实或者证伪火星上生命的存在。还没有人拍到过活的生物体,电视上没有报道过,也没有一个化学检测的结论能够让这个问题尘埃落定。注意,这个问题的两个对立观点尽管是矛盾的,但不是对称的(二者不是在对等的立场上)。如若发现了一个存活的生命体,这个问题将以火星存在生命为结论。但是如果没有发现生命体,并不能证明火星上不存在生命,只能说目前还没找到。有可能对火星上大部分表面的大量探测都没发现生命存在，但是这不能证明这个星球上的其他地方甚至在地表以下没有生命。

尽管事实仍然未知，目前仍有证据能分别支持这个问题的两个对立观点。一方面，相信火星上存在生命的人可以指出一个不容置疑的证据：这个星球曾有丰富的表面水——某些生命体存在的前提。他们可能会指出火星大气层中曾存在一种可以支持生命存在的化学物质这个证据。NASA（美国国家航空航天局）科学家宣称发现地球上一块来自火星的陨石中含有原始生命的化石痕迹，此事曾得到广泛报道。尽管有科学家提出了关于这项发现的其他解释，这仍可以作为一个证据。

另一方面，秉持火星上不存在生命这个观点的人可以指出火星上不易生存的条件：极端的温差、干涸的水道和笼罩在地表的辐射——辐射是由于缺少磁场和厚重的大气层。他们认为所有这些都表明火星上的条件不适合生命生存。对于上面正方提出的证据，他们则认为这可能支持火星很久以前存在过生命的说法，但不支持目前存在生命的说法。

关于火星上是否存在生命的论证，与关于公爵夫人着装的颜色的论证和纳尔逊纪念柱高度的论证都不同。这三个论证都是关于某种事实的，对于着装和雕像的问题，存在大量的、触手可及的证据可以支持论点，但是对于火星的问题则没有。

直到不久前，关于事实的论证还是人们在酒馆聊天的重要内容。人们对诸多主题进行论证，特别是关于运动赛事的。有人断言某个事实，其他人则挑战他。

"希格斯是英超联赛历史上在圣诞节前进球最多的人。"
"错。克里斯蒂安松在2004赛季圣诞节前的比赛中为马刺队赢得了更多的进球。"

辩论者们时而热情洋溢，时而不屑一顾地挑战彼此断定的事实。由于无法看到可以参考的证据，他们有时候会求助于朋友，论证的结果取决于一场偶然的现场民主投票,投票者根据他们理解的事实做出选择。

时光不再。现在相似的论证或争论依然会出现在酒馆里,但几分钟之内就会出现结果,再也没有过去那样漫长而热烈的讨论。这种变化的根源是无处不在的智能手机和线上资源。现在,当一个人提出引起争议的论断,经过简单的争论后,就可以拿出智能手机在谷歌或维基百科上查找关于某个主题的条目或者类似的信息源,然后找到令人信服的证据来给出答案。

在上文假设的英超比赛进球的论证中,网上肯定有唾手可得的资料来证明圣诞节前比赛的王冠应该落在希格斯还是克里斯蒂安松的头上,胜利落在线上证据青睐的那一方,论证也随之结束。

随着智能手机的普及和互联网大门的敞开,论证发生了明显的变化。过去人们必须要等到回家后或者去图书馆时才有机会确认手边的证据支持的是哪一方的论点,现在人们当场就能做到这一点。这意味着关于事实的论证失去了意义。这种问题现在可以通过即时查找权威证据来得到答案,大部分问题都可以迎刃而解。分歧过去能引发辩论,现在只能激发人们去查询事实真相。互联网和智能手机让每个人即时就能进入世界各地的图书馆查找资源,也就给了人们一个途径来解决关于事实的争论。

这项进步毁了某些人的社交生活。这些人过去常常这样愉快地度过一个夜晚:提出一个观点,或者嘲笑同伴提出的另一个观点并威胁恫吓对方以使臣服。他们有时候还会吵得涨红了脸并以此为乐,会在夜晚结束时感到满足,因为他们赢得了辩论。他们后来可能会发现他们的立场是错的,但这并不影响之前那份快乐,重要的是当晚的输赢。现在当人们想这样做的时候,智能手机会在几分钟内出现并给出答案,这让他们沉浸在怨恨中,怨恨被剥夺了一整晚的娱乐。

大部分关于事实的辩论都不值得参与了,事实太容易水落石出。如果结果可以在网上找到,争论很容易就能得到答案,任何为了说服别人确信某个假定事实所展现出的技巧和智力劳动都变成无谓的了。

还有两种关于事实的争论不是那么容易给出答案。一种关于未知

5

事实，比如火星上存在生命的可能性。这种情况下，一一列举可能说服别人的论据是值得的。

另一种关于有争议的事实，虽然存在证据，但是人们并未对它的意义达成一致。这种论证出现在科学界的很多争议中。人们或许会在观察到的现象上达成一致，但是无法在引起这种现象的潜在原因上达成一致并就此展开论证。通常这种争议都有两个对立方，每一方都试图通过研究来证明一个理论优于其他理论。

我们都确信恐龙在约 6 500 万年前急遽地灭绝了，但事实的起因却引发了争论：一派观点认为，一定出现了如小行星或彗星撞击地球这样的灾难性事件并摧毁了栖息地；另一派则认为火山活动污染了大气。两方都试图找到证据支持他们的论点。"陨石撞击说"提出，地球上存在一个 6 500 万年前沉积下来遍布全球的薄铱土层，铱是一种地球上的稀有元素，但是在小行星和彗星上很常见。"火山爆发说"拿出统计分析，似乎表明灭绝发生的持续时间太长，不可能是一次撞击的结果，因而必须归结于一个长期的原因，比如日渐活跃的火山活动。争论还在持续。

事实证明，"全球变暖"是一个具有广泛争议的关于事实的论战，一些人争论的焦点是它到底存不存在，另一些人则聚焦于人类活动是否为它的起因。这关乎事实，但关乎有争议的事实，而且双方都试图弱化或质疑对方提出的证据。这个争论比往常的争论积怨更深，甚至深于热烈讨论中的科学界争议，这有可能因为名誉以及其他东西都和争论的结果相挂钩，最终将决定政府听命于谁和如何决策。全球变暖的反对者也像支持者一样气急败坏，声称若转而称其为"气候变化"——从"全球变暖"这种显著、特别并且隐含警告意味的名称转变为"气候变化"这种经常发生的现象的名称——则意味着定义上的退让。支持者给反对者贴上"否认者"的标签作为反击，进而在公众心目中把他们和否认大屠杀的人联系起来。这种程度的敌意和此类恶言相向不应该出现在理性的论证当中。

历史诠释领域提供了很多这样的例子：诉诸权威证据并不能给出关于事实真相的争论的答案从而使结论偏向一方或另一方。历史的真相已经过去了，而论证是关于这些真相的起因或者这些所谓的起因是否属实。这经常归结为一种解释，有时候甚至会争论所谓的事实是否真实发生过。

我们知道英国内战与法国大革命都真实发生过，但人们对它们的起因并未达成一致。有些人引用经济学解释，指出这是因为新兴中产阶级的期望在上升；另一些人则引用政治学解释。有些人寻求知识分子的影响力，引用当时作家的作品，指出人们不再尊重权威的趋势；而另一些人则看到了宗教信仰的变化。每派人士都仔细研读可以收集起来的每个数据，提出证据来支持他们所倾向的解释。

科学界的许多争议都以一个理论胜过其他理论而结束，历史界的争议却罕有这种结果。一种解释最初似乎占据优势并且流行起来，后被新发现的证据挑战而失去优势。诸如马克思主义或者女性主义这样不同类型的理论模型轮番流行，并影响了我们看待历史的方式。关于历史起因的争论持续了数十年乃至几个世纪，最终莫衷一是。这对于历史教科书的出版商来说是件好事，因为随着历史事件的失色，它们需要阶段性的替换，但这会让想在脑中对发生过的事情及缘由形成理论的历史学学生大为困惑。

以史为鉴对我们来说很重要。如果我们对过去发生的事情的起因难以达成共识，我们就很难有效地采取举措来避免历史的重演。20世纪30年代的大萧条是一个毁掉美国和欧洲数百万人的生活的大事件。有些人把它看作引发政治上的极端主义和第二次世界大战爆发的导火索，然而诸如关于它的起因、关于人们采取的解救措施是否火上浇油这些问题的辩论依然是一片混乱。研究给出了支持各种不同立场的证据，但对事件的起因并没有达成共识，关于如何避免历史重演的共识就更少了。

关于大萧条原因的争论，表明了论证不仅是打发业余时间的娱乐，也不仅是谁与争锋的竞赛。当论证的结果会决定我们的行为，决定我们所处的环境会因我们的行为变得更好还是更糟时，论证本身举足轻重。有些时候，论证关乎生死存亡。

"我觉得咱们应该趁火势现在还没蔓延到这里,赶紧打开门跑出去。"

"不,如果我们打开门,空气将涌入让火势迅速蔓延。"

(论证胜利的温暖感觉是美好的,但在这样的生死关头则意义重大。)

2　成功的论证应该是什么样子

一般来说，成功的论证始于人们的现有立场。论证指向发言者想要得出的结论，收集支持结论的证据，并且反驳可能破坏结论的反面证据。

"我们在今晚想出去玩这点上达成了一致。我建议我们去看电影，而不是打保龄球。
"有几部你说你感兴趣的电影正在上映，包括我们的朋友都在谈论的那部。电影结束的时间正好，我们回家可以来一杯美妙的睡前小酌。
"今天有点疲惫，我们都想坐下来休息几个小时。"

"我知道你喜欢打保龄球，我也很喜欢，但是我们都很累了，而这是个十分激烈的运动。
"保龄球馆比电影院远多了，所以我们如果去的话必须开车而无法乘坐公共交通工具。
"我们可以在网上订电影票，但是不知道要在保龄球馆等多久才能有打球的场地。
"约翰和伊妮德下周就要来了，到时候我们可以和他们一起去保龄球馆来个四人竞赛。"

上文是传统的论证方式。现在我们有两个方案可以选择：赞成我的方案的理由，反对替代方案的理由。如果有不止一个替代方案的话，效果也差不多，结构都是一样的：列出支持我的方案的要点和反对替代方案的要点。

如果我们将这个论证视觉化，它看起来会像一副鱼骨。顶上的鱼头是我们论证的起点，中间的部分带领我们抵达将要得出的结论——鱼尾。左侧是我们提出的支持推导的理由或者证据，像鱼刺一样；右侧则是对相反证据或结论的反驳，或者是反驳可能被提出的替代方案的有力证据。在得出结论前，我们为我方观点提出证据并且破坏不利证据。

清楚地知道什么可以算作证据这一点非常重要。证据可以来自过去，表明人们过去做过相似的事情并且得到了令人满意的结果。

比起建筑物内有多人分享的公共空间的房子，我们以前建成的有私人草坪的房子能保养得更好，也不容易发生犯罪事件。（这不能证明私人草坪能改善房子的外观或者抑制犯罪，但是描述过去发生过这样的事情，可以用来论证将来可能会发生同样的事情。）

你常常以下雨天为由，说不想去湖区度假，但是我们以前去的时候你都会欣然同意并且欣喜而归。（这次不一定是这样。当足够多的雨下完的时候，这个说法可能有道理，但是拿出以前的愉快经历至少可以作为争取再去一次的论证。）

论据可以从他人的经历中得来，也可以从参与论证的人的经历中得来。

你说咱们去了就会发现迪士尼规划得太刻意、太商业化，但事实上咱们每个去过的朋友回来都会难抑兴奋地讨论它。（再说一遍，他人的经历并不能提出结论性的论证。我们可能会在许多重要的方面和我们的朋友有很大的不同，但是撇开彼此不同这个事实，他们的经历确实算是论据。）

说到某些外国实验过的事情时，诉诸他人经历这一方法特别有用。在其他地方的成功可以作为可能会在本地成功的证据，尽管可以料到反方会提出由于文化、历史或者地理差异，在外国有用的东西不一定在这里有用。

"我认为咱们应当把地热能也列入可再生能源名单。在冰岛，人们很好地利用了地热能。"

"是的，但是咱们的地质构造和冰岛的完全不一样。咱们必须进行更深的挖掘才能获得地热能，这会让地热能更昂贵。"

大多数人，但不是所有人，更看重发生过的事实而不是可能发生的事情。民间俗语有云："一分实践抵得上十分理论。"因此大多数人更看重关于过去发生的事实的论据而不是用于推断将来可能发生的事情的论据。大多数人更看重经验而不是推理。

"我以前看过专家的说法，称如果每天花一小时坐在玻璃金字塔里就可以减肥。"

"我听说大多数人通过注意饮食和加强锻炼来达到同样的目的。"

第一句话作为一种证据被提出来是因为"某专家"赞同它，但"可以减肥"这只是可能发生的事情。第二句话也是一种证据，因为它借助了他人的经验。区别在于后者是他们真正做过的事情而不是可能要做的事情，因此对大多数人来说似乎更可信。另外，当看到这个论证的人发现这个证据时，可能会参照他们自己的经历。许多人都可能认识靠节食和锻炼减肥的人，但是很少人——如果有的话——知道通过待在玻璃金字塔里来成功减肥的案例。

如何判定论据是一个复杂的问题。广义上说，当你试图阐述一个观点或者想赢得一场论证时，你就是在试图说服其他人支持你的立场。你的论据应该有助于达到目标。论据需要让听众确信它与你的观点相关、能支持你的立场并且可信。

当律师在法庭上论证时，他们利用可以获得法官和陪审团尊重的论据。他们通常会叫来"专家"证人并且建立起证人的权威，从而对庭上所审议事项作出判断。这里的"专家"是指那些有能力使他们的看法比那些不明情况的随机目击者所说的更有分量的人。律师可能会让一个在司法科学上有杰出职业素养的证人介入，以便对医学证据可以推断出的结论给出意见；还可能会叫来一个在弹道技术上有威望的人来分析从子弹或弹壳的状态或者从所谓由子弹或弹壳所致的伤口可以合理推断出的结论。

那些在特定领域有专业资质的人所给出的意见比那些没有专业资质的人所给出的意见更值得考虑，但是要想更有分量，这些专业资质必须与所讨论问题的领域相关。说客和压力团体为了支持他们的论证，经常引证这样的论据：一大批"科学家"在所讨论的领域并没有专业技能。七个核科学家支持有机农业这一事实并不能给这种农业作业方式提供支持，如果"科学家"在生物科学领域具备专业知识的话，听众可能有更深刻一点的印象。同样地，半打在环境问题和开发援助问题上赞成改变政策的电影明星不能对论证起支持作用，因为他们的演技和听令于电影导演的能力与所提出的政策并不相关。

即使"权威人士"在此领域牢牢占据着某种地位或者获得过某种嘉奖，也不能表明他们在声称要支持的论点的领域具备专业知识。

> "首屈一指的诺贝尔经济学奖得主支持借助更大量的借贷来避免衰退。这个支持很有力。"
>
> "是的，但是他的奖项是授予他几十年前在国际贸易模式与地区财富分配领域所做的贡献。这不能说明他有资格告诉我们应该怎样实现经济增长。"

寄往报纸的信件可以在上面提出论证，并且有多个签名表示支持，为的是借助签名背后的权威性来支持论证。有时候这是真实的，背后是一群真正有资格的人士。但就像网络可以很快证实关于事实的论证的可信度一样，网络也可以让那些宣称是权威的可信度受到考量。有时我们会发现支持某些贸易政策建议的商人团体包含了一些在经商经验上——更别说贸易政策了——并没有建树的人。一大群被拉出来赞成税务调整的"经济学家"，似乎包括退休的会计和名不见经传的美国社区大学商业学讲师。我们汲取到的教训是，如果你想获得"专家"的支持，最好证明他们是可信的专家。

用来使论证更有说服力的论据必须与所讨论的问题相关。缝纫工厂的女性工人并不能对适合船坞制造厂工人或者炼钢工人的安全条件提供任何有力的支持。对听众而言，如果你的论据的相关性不够直接的话，你需要解释论据和论证是怎样联系起来的。

3 口头论证

口头论证的发生有多种多样的情形，论证的风格也随之变化。论证依然是提出一个论点，提供论据支持论点，并且与对立观点进行辩论，但是为了适应不同场合，论证方式可以适当变化。在酒馆里和朋友进行辩论，如果这个朋友像在一大群听众面前进行公开辩论那样开始讲话，人们会感到奇怪。这是因为语境至关重要。

和一个朋友

当你和一个朋友私下辩论的时候，最好保持温和的情绪并且放低声音。如果你以平稳的语调摆出事例，会显得更有理性。说出你必须说的，别大声嚷嚷。如果讨论的主题是你所关心的事情，要尽可能地表现出你的热情。事实上，如果你表现出情绪上的力量，它可以反映你的笃定，并帮助你强化立场。但请记住，辩论和吵架不一样。吵架的时候人们经常因为彼此做过的或者莫须有的事情而恶语相向，但辩论应该是理性的呼唤或者说服的尝试，动用拳脚和提高音量无济于事。那样的话，你更有可能失去你的朋友而不是说服他们。

保持礼貌。当你摆出观点后，让你的朋友也充分表达观点。如果一方时常打断另一方，双方很难理性地进行辩论。节目主持人经常在采访对象答到点子上之前打断他们，那不是在辩论，只是试图在观众面前显示他们的优越感以赚取收视率。朋友间应该聆听对方所说的并回应对方的观点。

鉴于你的目的是赢得朋友之间的辩论，你为此提出的论据应当尽可能地迎合你所了解的朋友的背景。例如，如果他们云游四海并且对外国人没有偏见，你可以利用外国人的事例来支持你的观点；如果他们对体育赛事情有独钟或者经常参加运动，体育世界的类比或者事例则更容易说服他们。你的目标是选择更容易与他们的经历形成共鸣的论据。

不仅要聆听朋友所说的，而且要让对方知晓你已了解他的观点以表明你在聆听，然后解释你觉得这听起来不可信的原因。你用来回应的关键用语是"是的，但是……"或者"这确实不错，但是……"，之后应当解释为什么某些特殊情形下他们的论据不能反驳你的论证。

和一群人

与一群人在酒馆或者咖啡馆里辩论需要不同的技巧。这群人不会都志趣相投，所以能击败一个人的例子对一群人来说可能并不受用。此外，有些人会引入次要问题，试图把辩论主题切换到他们更感兴趣的事情上去。保持辩题的相关性，并且适时礼貌地解释：他们说的可能是对的，但是与当下的讨论并不相关。

在群体辩论中，总会有人在你这一边，如果你引用他们的辩论并且强调他们说的事实支持了你的观点，这将会起到很大的帮助。如果你偶尔插上一句"就像彼得说的"，像你这样想的不止你一个人这个事实就很明显了。

通常在群体性辩论中会有一个主要的对手，此人反驳了你的很多观点。与其让辩论变成其他人沦为看客的两方辩论，不如让他们参与进来，方式可以是询问其他人对于论题某些方面的想法。大多数人喜欢被问及自己的观点，而且这也是一个提供额外支持和论据的方式。

在群体性辩论中最重要的是掌控辩论的进程。你知道你想要推销的观点，而且想让辩论以你为支持论点而提出的论据为中心。这里的关键是分析。如果可以，尽可能多地列举手头与你的论点相关的主要领域，然后围绕它们开始讨论，并且尽力把讨论限定在这个范围里。

"我认为我们主要应当考虑的有四点。首先，……"

把这些条目展开在特定的领域是一个把握辩论进程的有力方式。人们可能会不同意你的某些观点，但是他们会继续讨论这些问题而不是他们可能会提出的其他问题——讨论那些问题可能对你的立场更不利。

正式公开辩论

　　正式公开辩论并没有那么多打断和对抗，正方观点和反方观点的关系也不像朋友间辩论或群体性辩论那样直接。公开辩论有其规则，通常规定每个辩手在规定的时间内进行阐述，典型的方式是让两方辩手轮番发言。通常听众可能会在一方辩手最终总结陈词前做简单的发言，反映"基层"的意见。

　　这个规则意味着辩手需要随即在他们自己的发言中反驳对方的观点，而不是在对方提出观点时随时应对。率先发言可以给你掌控辩论走向的机会，紧接着发言则可以给你最终发言而不会被反驳的机会。

　　在公开辩论中取胜的第一法宝是做好准备。不需要准备整个发言稿，但是至少要在一张卡片上列出你为支持论点而准备提出的所有观点。如果需要的话，你可以写出整个发言稿，但是要尽力去演讲而不是诵读。演讲是很重要的，你应该让你的辩论听起来口语化而不是书面化——要认识到这两种风格有着不同的语法。如果可以的话，以你的提纲为蓝本，自然地讲出你的观点，这听起来比朗读一个预先准备的发言稿更让人信服。这样做还有一个好处是，你可以在发言时与观众进行眼神交流，而不是一味低头盯着发言稿。

　　除了把你想要表明的你方所有观点做成提纲外，预先考虑对方可能会说的话并且提前想好怎样反驳，也会对辩论很有帮助。如果他们接着站起来说了一个你已经反驳的观点，就会显得没有说服力了。如果你在对手之后发言，在对方发言的时候简单地记下对方的观点，你就可以在轮到你发言时反驳其中的某些观点。

　　第二法宝是尽力争取支持你方观点的听众。如果你让他们对你更感兴趣，他们可能在辩论中更注意你方的表现。来点幽默，特别是在开场的时候，让观众们放松并吸住他们的注意力。

　　第三法宝是系统化。你应该一个接一个地列举你为了支持论点所给出的论据。当你说出一个又一个你方观点应当占优势的理由时，你方的辩论便让对方丝毫没有反击机会。

公开辩论与朋友间的辩论最重要的不同点是，你不是在说服你的对手。不像是朋友间你尽力想战胜他们那样，你是在试图向第三方观察者——观众说明你是对的、你的对手是错的。这意味着辩论礼仪也发生了变化。在朋友间的非正式辩论中，取笑侮辱对方通常是起反作用的，但是在公开辩论中，你可以这样对待对手。你要表现出一定程度的文明礼貌，但是可以展示出你不会对你试图战胜的朋友展示的轻蔑。这种区别是显而易见的，看看首相质询时间[1]的英国国会下议院辩论你就明白了。侮辱、轻蔑和取笑是当今的秩序，而且可以很有效，如果你做得幽默且浮夸的话。

发言结尾处应当有一个明确的结论。如果一个辩手辩论后就直接坐下了，这看起来让人觉得泄气。如果有时间，不妨试着这样做简单提醒观众你摆出过的所有观点，并且指出这些观点对你方论证十分有力。你应该声情并茂地结束你的辩论，坐下之后观众席会传出热烈的掌声。

"基于以上所有原因，主席和女士们、先生们，我呼吁你们反对反方这个明显带有误导性的发言并且把票投给另一方。"（或者是完全支持极富价值且合乎情理的我方发言并投票给我）

在公开会议上论证

在很多场合，人们需要在一群人面前进行论证：可能是琼斯为了支持一个收购提案需要向董事会进行论证，可能是斯格特上校需要给教区理事会论证休闲中心开发计划提案必须叫停的原因。这样的场合中论证者通常需要提出或者反对一个倡议。发言人会发现，如果是提出倡议，他们的论证必须要反对当前的情形，如果是反对一个倡议，则要维护当前的情形。

---

[1] question time，英国议会中大臣答复议员问题的一个环节。——编者注（如无注明，下文注释均为编者注）

在这两种情形下，论证的结构都应当像之前提到的鱼骨那样：以当前的状况作为开头，告诉听众论点所在，然后列出支持一方论点的所有观点，并且反驳另一方的观点。有力的论证将会通过迎合观众的见解与兴趣而与观众达成共鸣。

举例来说，如果是要反对一个开发方案，应当指出这方案将会给当地环境造成的破坏、给当地社区带来的不幸和伤害，以及项目完成前需要成年累月面对的混乱不堪的局面。在鱼骨的另一边，可以这样提出观点：对方案所宣称能带来的好处提出怀疑，对方案支持者宣称将会带来的工作机会的数量进行争论，怀疑种种关于方案所能带来的便利的宣传，并且暗示方案将会超出所声称的预算，晚于所公开的项目完成时间结束。大多数听众将会想起其他地方的相似项目，因为这些情况或多或少地发生过，这种经验强化了它所导向的论证。

就像公开辩论一样，建议准备一个提纲列出支持论证的所有观点，并且以一个加强语气的结论来收尾。一个不同点是，公开会议上的论证通常不是与另一个发言者辩论，而是提出或者反对一个方案。这是一次说服听众来做某事或者拒绝做某事的尝试。应当将这个决策的优缺点放在两个差不多比例的秤盘里，褒奖一方，贬损另一方，最终根据发言人的立场让天平重重地倒向支持或者反对方案的一方。

4　在媒体上论证

在媒体上的论证，无论是报纸、杂志、线上社会媒体还是广播、电视，都倾向于简洁一些。这是因为大多数媒体上的空间都很紧张，来稿的篇幅都是受限的，以此来为其他素材节省一些空间和时间。简洁性具有附加值（特别是在社交工具上），那些可以中肯且简洁地论证的人比说话缓慢而冗长的人更容易获得媒体版面。

在报刊上论证

对于大多数人而言，在报刊上发表文章的途径是给"读者来信"栏目投稿。那些了解这个行当的人可能不时地给编辑一些短小的文章，但是那些不专业的老百姓写的信可以占去读者来信栏的整版篇幅。有些好心的编辑会花时间把长信修改到合适的篇幅，但是大多数编辑不会这样做。我们得到的教训就是：要短小精悍。

你的论证应当与报纸中的一个新闻条目或者一篇新闻报道相关。你的来信可以以"根据你的报道"开始，然后跟上你的论证。你可以以两三个信手拈来的观点作为回应，支持或者反驳原报道来赢得论证。

> "你报道说琼斯议员声称建新的支路是'值得花钱的'，因为它可以缩短旅行时间并且减少事故量。但是根据议会的调查，支路将会让更多的车上路并且平均每段旅程只缩短了 1.5 分钟。另外，尽管略微减少了引起车辆受损的小擦碰事故量，但警方数据显示，事故引起的人员伤亡数并没有减少。考虑到花在支路上的钱可以建十所学校，琼斯议员对价值的判断有点奇怪。"

如果你想要说服某份日报的读者，了解一下这些读者可能会是什么样的人将会很有帮助。他们是早上正在通勤的商务人士，抑或是会在吃早饭时匆匆浏览报纸的零售店店主或店员？将你的论证修整成迎合潜在读者的样子。

网络辩论

网络辩论通常发生在博客的评论中。有些专业网络评论家吸引了大批的看客,很多报纸现在也都青睐专业的线上专栏作家。

人们通过写评论的方式反驳文章或者回复中的观点,另一些人做出回答,辩论可能涉及几个人并且持续几天,其中有些观点可圈可点。会不厌其烦地读博客评论的读者不是很多,他们很可能不能代表典型的读者。他们是一群有趣的少数分子。的确,在那些阅读评论的人之中,很多或者绝大多数人就是固执己见的,他们之中的很多人有着根深蒂固的观念。这意味着评论栏只是一种格斗比赛,目的并不是说服别人,而是让那些立场不同的人出丑。

比起面对面的交锋,网络辩论的文明程度确实要低得多,这可能是因为网络的去人格化让人们在网上表现得比有真人在场时更为无礼。网络上的小矮人们互相非议和中伤,躲在相对匿名的世界里做着可能永远不会当面做的事。辱骂是稀松平常的,而且人们会非常随意地侮辱对手的智商甚至品性。他们如果在面对面的辩论中这样做会适得其反,而且是在冒着失去大部分听众的好感的危险。

简洁明快。对于阅读评论的少数人来说,很少人会翻到下一页去看,所以阅读量最高的论证是那种能够压缩在一个屏幕以内的。根据博客的格式和电脑屏幕,这意味着最多大约 360 个词[1]。

依据事实。一个有利于你的事实或者不利于对手的事实都能在博客评论辩论中发挥作用。搜索引擎会帮你指明方向,指出哪些是不利于对方立场的事实,引用这些事实可以为你赢得比分。

及时回应。在话题还新鲜的时候,迅速的及时回应比话题冷却两天之后的回应要好。及时交换意见可以促成一种热烈交换意见的氛围,现实中只有辩手面对面时才会有这种氛围。

---

[1] 具体数字视实际情况而定。

引言　如何进行论证

在 140 个字以内赢得辩论

　　微博比前述形式更快，它的简洁带来很强的即时性。在微博上辩论，必须准备好快速交火。辩论内容更新得很快，当话题已经转换时，你很难再就以前的话题发表观点或者获得别人的注意。

　　微博很流行，上面的热门话题流可以同时被几百万人关注。与此相比，关注博客评论的数量就少了。微博需要相对快速的回应，而且当讨论内容更新、新话题赢得关注时，很多旧话题在一两个小时后就无人关注了。

　　140 个字的限制意味着必须简洁，你不用指望在一条博文里阐述多个论点。如果你有更多想说的，在另一条或几条博文里说。

　　"她想把我的钱花在穷人、失业者和富家子弟的免费午餐上。这怎么能说明她是个慷慨的人呢？"

　　你可以紧接着进一步论证。

　　"她把她自己的钱花在她在托斯卡纳[1]的别墅上，花在往返机票上，也花在她子女的昂贵学费上。"
　　（这是一个成功辩论的例子，因为大部分人都讨厌伪善。）

　　给你的粉丝发的博文或者是其他人站在你的立场上的精彩发言，都可以为你方立场添砖加瓦。当某人一味在人身攻击时，你应当快速地回应他道，人身攻击只是无话可说的人寻求论据的下策。这比反过来对他进行人身攻击要好，尽管迅速而机智的反驳常常容易获得认可。

在广播或者电视上辩论

　　除非你是像"质询时间"或者《有什么问题》这样的电视辩论节

---
[1] 意大利中部的一个大区。

目上的专业辩手，否则你在媒体上的露面更可能是像打进热线电话的观众，或者是主持人就某个时事新闻进行评论的采访对象。像其他媒体一样，时间是最宝贵的，你必须简洁且连贯地进行论证。制片人和主持人喜欢看到的是一个只用一两句话就陈述出观点的片段。

主持人通常会问一系列问题，他们最喜欢的是能在每个有时间限制的片段中回答完一个问题的人。过去他们认为 40 秒的长度比较理想，但是随着人们注意力集中时间的缩短，他们中很多人开始期望 25 秒内的回答。你可以在 40 秒中说很多，并且试着完成两三段支持观点的论据。

凡事预则立，不预则废。如果在采访前你随手记下一些可以支持你的论证的事实，当问到你时，你就会更容易记住它们。在口头辩论中，所有的统计数据都应当简单。当论证以文字呈现出来的时候，人们可以暂停，反复地看，思考并理解它。在口头辩论中没有这个选项，因为说话者在不停地讲。

"投票表明 47.8% 的年轻人渴望有一天能拥有并经营他们自己的生意。"（这在书面语中是合适的，但是在广播或者电视上应当说"接近一半的年轻人"。）

如果可以的话，你甚至可以在陈述一个观点的时候，提前想想如何引入下一个观点和如何结尾。有些主持人觉得必须给受访者营造一种充满敌意的气氛，提一些让受访者难以自圆其说的问题。这里的关键是遣词造句，让辩论回到你一开始说的事情上，回到你想要阐述的观点上。看看老练的政客是怎么做的，学习一些技巧。

"难道现在的失业率不是比你们在野的时候更高吗？"
"事实是现在的从业人员比以往任何时候都要多。光是上个月，就有建筑业创造了 2 000 个新职位，零售业 5 000 个，服务业 8 000 个。"（注意这个回答是如何避免正面回答问题，同时成功地引入了论据的。)

值得注意的是，在电话节目里，大部分打进电话的人只是简单地阐述了他们的观点。因此，列举事实、提出论据并进行论证的人更容易获得其他人的支持。诀窍是：别只说你的观点是什么，说说你为什么这样认为。

5　逻辑之外

赢得辩论就是在口头决斗中取得胜利。你试图说服对手转换到你的观点上来，或者在一群听众面前与对手较量。你希望他们站在你这一边。

采用让人讨厌的方式也有可能赢得辩论。你可能没礼貌、令人不快并且充满着无处不在的敌意，但是如果对方无法抵挡你推理的力量，你仍然会赢。也就是说，如果你的举止得体并且你的对手或听众对你十分友善，你就更容易胜出。售货员天生就知道这一点。有一句老话说，"推销产品也是推销自己"，这同样适用于辩论。

没人喜欢失败，尽管有些人可以更优雅地处理失败这件事。前国际象棋冠军鲍比·费舍尔说过，他喜欢在国际象棋比赛中赢得比赛来"碾压对手的自尊心"。如果你在辩论中也以此为目标的话，你将会遇到更为坚决的抵抗。一个有经验的辩手会不失时机地给对手一个台阶下，得体的撤退可以让他们认输而不丢脸。这看起来更像是妥协，承认他们的立场中有少部分正确的元素。

> "我认为我们在需要做什么这一点上达成了一致，不同的是何为最有效的方法。我认为我方的意见可能是达到我们的共同目的的一种更有效方式，所以我们之间的分歧是非常小的。"

你可以在观众前这样做，强调你与对手重合的共识，让局面看起来是你在请求他们在一个小细节上支持你，而不是让他们惨遭碾压。

你对待对手的方式至关重要，因为这事关观众对你的印象。礼貌是最好的，得体的举止而不是无礼会让你占据更有利的地位。不失时机的俏皮讥讽和狡猾回应会比持续的人身攻击获得更多的支持。

想赢得支持，你要表现得理性而不是死守教条，这一点很重要。观众倾向对那些肤浅地觉得自己无所不知的辩手持保留意见，他们丝毫的犹豫都会产生深远的影响。

"我发现，尽管对方辩手的论点也有价值，但经过全面考虑、反复论证之后，我觉得真理在别处。接下来让我和你们分享一下这些论证。"

在国际象棋中有一个很著名的牺牲战术，一方允许对手吃一个卒子或者其他不重要的子，以此换取一个重要的子或者获胜的优势。这里衍生出一个隐喻——弃车保帅，其寓意还延伸至国际象棋之外。在辩论中，这意味着承认一些琐碎的细节以显得理性并且不教条，但同时不对任何重要的立场做出让步。

"我的对手正确地指出了对某些人来说顺势疗法有治愈疾病的功效，他还正确地指出许多人认为顺势疗法在治愈很多疾病方面是成功的。我也承认这个观点确实有一批忠实的支持者。只是我认为，将顺势疗法列入英国国民健康保险制度并让我们掏钱这件事的科学理论基础并不牢靠。"

这似乎比说"顺势疗法是不科学的，并且不应当作为医疗服务的一部分"要理性得多。

随便因为什么原因表扬对手的能言善辩、幽默或者魅力都不会有太大损失，但是绝不能表扬他们的辩论内容本身。

"因为布鲁图是一个可敬的人
所以他们都是可敬的人……"（请记住是安东尼赢得了那场辩论。）

另外，有两点对于建立与观众间的友善关系大有裨益：一是微笑，二是眼神交流。除了埃比尼泽·斯科鲁奇（狄更斯的小说《圣诞颂歌》中的角色）外，每个人都喜欢微笑，而且大部分都对微笑的人更亲近。眼神交流是讲话人与观众建立一对一交流的途径，能让他们觉得他是在和他们聊天。相较于与听众直接交流的讲话人，那些看着天花板或房间后墙的讲话人无法吸引到同等程度的注意力。

在博客上辩论时，按照向某人说话的方式来组织语言会起到更好的效果。如果你能避免提及"你们所有人"或者任何暗示你是在向一群人说话的迹象，坐在电脑屏幕前的人会觉得你是在直接和他们说话。在电视上也是一样。像看着人眼那样直接看着镜头，观众会觉得你在与他们进行眼神交流。即使有一个屏幕显示着另一个讲话人或者主持人，也不要管它，就像盯着人脸一样盯着镜头。

严格来说，这些并不能提高你辩论推理的质量。你可以通过梳理事实和论据或者暴露对方的错误和弱点来达到目的。但是请记住，你是在试图赢得观众的心，他们如果把你看作一个理性而且得体的人，会更赞同你的观点，会对你所讲的话投以更多的注意力，并且可能会决定相信你。

在辩论的推进过程中，逻辑推理可以吸引观众，如果你显得理性会更有利。看起来更理性的最好方式是确实变得更理性。用一种理性且文明的方式展开你的辩论，我相信你会取得最后的胜利。

第一章

认清 11 个形式谬误

1.1　肯定后件　杀死猫的方法不止一种

1.2　否定前提的结论　我忘了我前面说的什么

1.3　矛盾前提　万物都会死，上帝不会死

1.4　否定前件　吸烟速死，戒烟就长寿

1.5　双否定前提　No+No=Yes？

1.6　存在谬误　国王骑着独角兽

……

1.1　肯定后件
杀死猫的方法不止一种

对于连马和马车的前后顺序都会混淆的人来说，肯定后件是自然会产生的谬误。尤其是对于陷入争论中的人，这种特殊的谬误常让他们无法认识到杀死一只猫有不止一种方式。

猫被发狂的刺猬咬伤后死亡。猫死了，很显然是与刺猬有关。（在你将目标锁定在猫身上之前，先思考一下：猫可能是触电死的，也可能是被勒死的，又或许是被车撞死的。刺猬，或许是死因的一部分，但我们无法将猫的死全部归咎于它。）

这种争议的产生，是因为混淆了前件和后件。在"如果……那么"的结构中，"如果"是前件，"那么"是后件。我们可以说前件是为了证明后件，但不能颠倒。

如果我弄掉了一颗蛋，蛋会破。我把这个蛋弄掉了，所以它破了。（这种手法相当有效。这种肯定前件推理［modus ponens］在生活中随处可见。比较下面的版本。）
如果我弄掉了一颗蛋，蛋会破。因为这个蛋破了，所以我一定曾弄掉过它。（这就是肯定后件谬误。事实上，有很多其他原因同样会造成鸡蛋破碎，包括被东西砸到、被人丢弃，或者小鸡破壳而出。）

为了使逻辑有效，我们必须先肯定第一个部分，然后才能推出第二个部分；谬误的产生，则是因为我们尝试确定第二部分以推导出第一部分。肯定后件会造成谬误是因为一个事件可能会由不同原因导致。我们不能因为看到了结果，就肯定某个原因唯一。

"如果一个国家希望和平，他们会促进文化和体育方面的交流。由于他们支持这些交流，我们知道他们希望和平。"（也许。这样的结论看似振振有词，但可能还有其他原因让一个国家支持这些国际交流，就像先前我们谈到的——杀死猫的方法不止一种。）

这个谬误在法庭上也相当常见，因为它是环境证据的基础。如果我们没有找到目击人证据，那就得根据可能引起行为的已知信息来回溯。

"如果他要计划谋杀，他会先为他的太太买一份额外的保险；而他确实买了一份额外的保险。
如果他打算下毒，他会买杀虫药；而他确实买了杀虫药。
如果他想要分解尸体，他会需要一把锯子；在他的仓库确实发现了一把锯子。"（上述例子都可能出现其他解释和无辜的人，以此证明他们有罪是荒谬的。然而随着证据的增加，十二个优秀的陪审团成员却很容易忽略掉对这些巧合的合理怀疑。毫无疑问，陪审团有时候会犯这样的错，因而改变了许多事情，偶尔还有无辜的人。）

当你要将某个动机归咎于某人时，这就是个非常好用的谬误。动机通常不易被察觉，而行为又是因为动机而起。因此，有技巧地使用肯定后件谬误，你能在你的提议中暗示某些不够光明正大的动机。

"她是个荡妇。像这样的女人总爱在男人前炫耀自己，而她每次出现在办公室时，确实都打扮得光鲜亮丽！"（相信大家一定都能识破这样的说法。）

1.2　否定前提的结论
我忘了我前面说的什么

否定前提的结论,就是"哦,亲爱的,我忘了我前面说了什么"的一种。这谬误始于维护某些必须真实的事情,却以自相矛盾的结论结尾。当结论无法与推出结论的论证相合时,意味着推论的过程出现了站不住脚的逻辑漏洞。

"儿子啊!这世界上没有绝对确定的事,因此,我们应该相信经验告诉我们的。"
"你确定是这样吗,老爸?"
"是的,我非常确定。"

前后不一致的说法导致了这项谬误。如果结论与前提相抵触,两者之中至少有一个是错误的。也就是说,可能是我们下错结论,也可能一开始的信息就是错的。

否定前提的结论,经常发生在宗教议题上。人们常常认为神是一切规则的例外,所以当他们表示"凡事除了神",会倾向使用"凡事"两个字。

"凡事必有因,意即有后果必然有前因。既然无法追溯过去,我们知道一定有个无因之因(uncaused causer)在主导。"(如果一切都有原因,为何这里却存在一个无因之因呢?)

这个谬误拥有辉煌的历史，被亚里士多德（Aristotle）及托马斯·阿奎那（Thomas Aquinas）等人使用过（尽管无法确定）。这"无因之因"有多种面貌，可能是"第一因"（first cause），或是"第一推动者"（first mover）。但不管怎么说，都跟谬误脱不了干系。

试图使神变成大家可接受的例外的论证，通常用于诡辩或推翻论证。"宇宙中的万物都有一个在它之外的原因"，这个显而易见的动机是为了确立一个在宇宙之外的因，因此也就不需要去解释这个原因。不幸的是，换了个说法却还是有不少的错误：

1. 新说法较复杂且明显不正确。
2. 宇宙并非"在"宇宙之中，它"就是"宇宙。
3. "宇宙中的万物"即"是"宇宙。

这让我们可以这样解释一开始的句子：宇宙必定要有一个开始的原因，而且这个原因必定存在于宇宙之外。有这样的假设，接下来的证实也就不足为奇了。

这个谬误有许多更简洁的通用形式，但没有一种可以摆脱这种基本的矛盾，即让得到偏爱的答案成为一种允许的例外。

"不管你回顾了多少人生阶段，凡事皆有起头，都是由神开始。"（大概神没有开始的地方。）
"任何事都无法永恒，都是由神所创造。"（当然，祂却永生。）

当使用否定前提的结论时，有三件事你应当牢记于心。第一，当你的开头与结论背道而驰时，它们相距得越远，听众就越不容易看出矛盾。第二，当你说话的时候，使用"每个人"而不是用第一人称，他们更能听得进去。第三，如果你要推出的结论是允许特别多例外情况的，更不会有人去检视你的谬误。

第一章　认清 11 个形式谬误

"千万别相信人们说的万灵丹,他们通常是骗子。因为你知道我诚实可靠,所以当我告诉你我卖的蛇油是世上最好的蛇油的时候,你应该要相信……"(千万要注意这些骗子。)

1.3 矛盾前提
万物都会死，上帝不会死

不论有多好的逻辑，你都绝对不能依赖植入了错误的论证。对于健全的（sound）论证，真实的前提和有效的（valid）逻辑是必需的。矛盾前提的问题在于它们并非全部正确，如果其一为真，另一个则必定为假，反之亦然。换句话说，我们可以确定其中一方为假，无法因此产生健全的论证。

"万物皆会死，而上帝不死，所以上帝不是万物。"（这段文字看起来像是针对泛神论的论证，但事实上是针对常识的论证。既然前提矛盾，其中一方就必定是假的。这使得任何结论都靠不住。）

这个谬误很有趣，因为它使逻辑变得有效。听到用不一致的前提有效地推出不相干的结论，非逻辑学家通常颇为惊讶。无论如何，逻辑学家都不会使用"有效"来表示"健全"，如果建立在不实陈述上——如矛盾前提——那么不论逻辑有多好，这个论证也不健全。

下列谬误可以让我们证明月亮是干酪做的，虽然这项证明有点复杂，但颇为有趣：

首先，我们提供两个前提：牛奶是白色的，以及牛奶不是白色的。如果"牛奶为白色"为真，那"牛奶是白色的或月亮是由干酪做的"这项事实就会是真的（这是正确的）。但由于我们知道牛奶不是白色的，则第二选项就必须是真的，即月亮是干酪做的。

这项逻辑并没有错。基于矛盾前提的不实,可以用于建立任何论证,包括发臭的卫星。

在日常论证中,使用矛盾前提的谬误是很难的,因为你的听众可以清楚地发现你自相矛盾。但你能够做到的是,在轻松的讲话中使用大众通常能接受的矛盾,并包装成严谨的逻辑。

他真的很专业,但有时候却表现得有点业余。(这句话听起来似乎可以接受。但请记住,由此可知,你确实可以证明月亮是由干酪做的。)

1.4 否定前件
吸烟速死，戒烟就长寿

如同肯定后件一样，否定前件谬误也是指那些不在乎自己的脑袋到底向前走还是向后走的人。此谬误否认不同事件产生同样结果的可能性：

如果我吃太多，我就会生病。因为我没吃太多，所以我没有生病。（说得难听一点，这个人喝了一整瓶威士忌，手被生锈的铁钉割伤，还整晚湿淋淋地坐在外面。）

重点在于，即使所提及的事件没有发生，其他原因也可能会导致同样的结果。因为在"如果……那么"的结构中，我们可以肯定前件（也就是句子中"如果"的部分），也可以否定后件（也就是句子中"那么"的部分），而肯定后件和否定前件都会出现谬误。

"如果他很慢，他就会输掉比赛。"
"因为他没有很慢，所以他没有输掉比赛。"（但他也可能因为太笨而输掉比赛。）

你可以肯定前件：他很慢，他会输掉比赛。你可以否定后件：他没有输，所以他没有很慢。第一种论证方式被称为"肯定前件假言推理"，第二种是"否定后件假言推理"，这两种方式都是有效的。尽管其他两种像是有效形式，但都是谬误。

否定前件之所以是谬误，是因为它对一个事件只给一个原因，而这个事件也许有很多原因。它排除了其他可能的原因。

在安排规划时，通常会出现谬误。原因不外乎是避免不利的后果，以期待合意的结果：

"如果抽烟、喝酒和玩女人，就一定会短命。那么应该戒掉烟酒和女人，才能够长命百岁。"（也许吧。只不过是感觉像长命百岁。）

像这样的情况也经常发生在国家之间。国家在行动之前，可能会计算这个行动所导致的后果。他们之所以不行动，是为了避免自己因为行动而导致更糟糕的结果。

"如果我们有强大的军力，恐惧它的国家可能会攻击我们。为了消除敌意，我们要解除装备。"（也许吧。但他们更可能动武，反正你也无法报复。）

你可以有技巧地利用否定前件谬误来支持维持现状。这是一种保守的谬误，因为我们所做的大多数努力，无法让世界免于所有不幸。正如我们最爱拿死亡和税金进行比较，你可以借此哄骗你的听众拒绝这些行动，不过，死亡与缴税和你辩论的成功与否并不冲突。

1.5 双否定前提

No + No = Yes？

标准的三行论证称作三段论，包含两段前提与一段结论，其中，两段前提为证据，结论由前提推演而来。如果两段前提都是否定的，就不能据之推出有效结论，这样的谬误就叫作双否定前提谬误。

没有杂工是面包师傅，也没有面包师傅是渔夫，所以没有杂工是渔夫。（看似简单，不过，这里的逻辑比杂工更靠不住。如果我们用"逃漏税的人"取代渔夫，那最后结尾应该是，没有杂工是逃漏税的人。这样的陈述方式没人会信服，其错误在于两个否定前提。）

谬误的根源显而易见。这三行论证分别将两件事与第三者联系起来而使这两件事关联，当两个前提皆为否定时，我们知道的是，这两件事部分或全部在第三件事所包含的类别之外。不管怎样将这两件事联系起来，我们无法得到任何关于这种关联的正确结论：

有些酒商不是笨蛋，有些笨蛋不富有，所以有些酒商不富有。（你听过比这更差的论证吗？伴随着两个否定句，那些不富有的笨蛋和笨蛋中不是酒商的人并不一定是同一群人。如果听起来觉得头晕，请记得两件事：两个否定前提无法证明任何事，所有的酒商都很有钱。）

这种谬误常常发生，因为有些人真的会相信，如果 A 与 B 排斥，B 与 C 排斥，那么 A 就与 C 排斥。如果约翰进不了"共济会"，而"共

第一章 认清 11 个形式谬误

济会"也进不了乡村俱乐部，说约翰似乎进不了乡村俱乐部也还挺有道理的。当然，既然"共济会"进不了乡村俱乐部，说不定不是"共济会"一分子的约翰，有更大的机会进去呢。

爱吃布丁的人是瘦子，有些抽烟的人不爱吃布丁，所以有些抽烟的人是瘦子。（很多人对于布丁的观感是否定的，但两个否定的陈述并没有说明抽烟者的任何问题。如果抽烟者很瘦，有可能是健康出问题，或者抽完烟就没钱买布丁了。）

如果你要用双否定前提的谬误，你应该尽力使用让听众更容易相信的事实以塑造你的否定式句型。当你有了看起来令人信服的结论时，你的听众就会认为你已经证实过一切。如果你一开始就说"没有议员是懒惰的"，听众就不会觉得离题太远，但应努力保持在听众的经验范围内。不妨使用众所周知的事，如"尚未被免职的人是细心的"。

1.6 存在谬误

国王骑着独角兽

这是一种奇怪的逻辑:大肆陈述某个类别,却没有明确告诉我们这个类别是否存在成员。

所有的猫都是自私的。(这句告诉我们,如果有猫这种事物,它们就是自私的,但实际却没有明示猫是否存在。类似地,你可以把"猫"替换成"独角兽"。)

有一些陈述告诉我们类别中一些成员的信息,无论如何,都隐含了这个类别是否有成员存在:

有些猫是自私的。(这句告诉我们,存在着猫这种事物,它们中有一部分是自私的。)

当我们在前提中没有暗示存在,却在结论中暗示了存在时,"存在谬误"便发生了。如果我们的语词是全称的,例如出现了"所有"或"没有"等字眼,而结论却是指向特定对象,例如"有些",我们就涉入这项谬误之中。

所有不明飞行物体都是宇宙飞船,而所有宇宙飞船都是来自外层空间,所以有些不明飞行物体来自外层空间。(这句话看起来无害,但是无效。我们可以说所有的不明飞行物体都来自外层空间,当我们以"有些"作为数量的限制时,我们便暗示了它们存在。)

令人费解的是，我们较常使用"全部都是"的说法，而不是谈论事物的某些部分。我们可能用这样的想法来安慰自己：或许我们必须知道它们中的一些适用于某些成员而不适用于其他成员的特征以开始谈论；全称陈述由于没有挑选成员，则不传送这样的含意。

这项谬误通常在没有证据的情况下妄下结论，假设讨论的内容已经存在。因为没有证据，我们一不小心就容易落入这种谬误。

所有警察都很高，而诚实的威尔士人都不高，所以有些诚实的威尔士人不是警察。（唉，没有证据显示存在诚实的韦尔斯人这件事啊！）

有关所有诚实的威尔士人的结论是可以接受的，因为这句话提到的人是"可能"存在的。

对那些想要将超自然力量与恶魔的存在合理化的人士而言，存在谬误是他们的地盘，但是有一点小小的缺憾，因为没有任何证据能够证明这些事物存在。许多陈述告诉我们，如果某些事物存在将会是什么样子，但不知怎么的，我们开始遇到一些关于这些事物的断言。在那个时候，听众所不知道的是，那个假设性的存在已经在没有证据的情况下偷偷地溜了进来，就像是一张A牌偷偷地从袖口掉出。

所有的超自然实体都受到人的情绪影响，但其中一些比其他的更敏感，更容易被恐惧与仇恨唤起。（相同的情况还适用于隐形的青蛙、发光的土星，以及热情的瑞典人的真实性。在你开始挑出这些对象之前，请"先抓到兔子再下锅"。）

存在谬误的应用非常简单。如果你能从对所有事物的断言下移到仅仅适用于某些事物的主张，大多数的听众就都会尊敬你谦逊的发言。当你准备好了，你可以驾上马车，载着六个仙女、霍比特人、灵气与元素精灵，从门口出去。人性的延伸与人性的完美，在更早之前，也从这个门口走了出去。

1.7 错误换位
猫是动物，所以动物是猫

当我们从事实去推断，比如从"所有的猫皆是动物"这一事实推断"所有动物皆为猫"这一信息时，错误换位就发生了。交换主词与述词这种表达上的转换，在某些情况下是对的，在其他情况下则是错的。当无效的转换情况出现，我们就称之为错误换位。

所有的老鼠都是四只脚的动物，因此所有四只脚的动物都是老鼠。（这项论述当然是错的，不过其他一些错误没这么明显。）
有些生物不是猫，因此有些猫不是生物。（如果一个生物不是会死的猫就足以证实存在一种不朽的猫的品种，那可真是神奇了。）

这个规则是复杂的，但值得学习。我们可以对所有或有些事物进行陈述，也可以进行肯定或否定的断言。这里有四种句式类型：

所有是
有些是
没有是
有些不是

规则在于只有第二种与第三种才可以进行有效的转换。如果你调换了第一种和第四种的主词与述词，就会犯错误换位谬误，谬误的原因在于你无法把非周延词换为周延词（distributed term，包含了完整的类别）。在第二种类型中，主词与述词只包括类别的一部分，而第三种类型中，主词和述词都包括了类别的全部。第一种与第四种类型无法被交换的原因，是因为它们混合了周延词与非周延词。以上规则可以让你转换这些格式：

有些 A 为 B
没有 A 是 B

但你无法转换：

所有 A 为 B
有些 A 不是 B

如果我们知道没有一个有创意的人是官僚，就可以完美且正确地推断没有一个官僚是有创意的。但我们做不到的是，从常识中推断有些记者不是醉鬼，就断言有些醉鬼不是记者。它可能是真的，但是我们无法从错误换位中推断出来。

实际上，大多数人都可以从转换陈述中明显看出关于所有动物或所有猫的错误换位谬误。这类谬误更常见的是以"有些不是"的形式出现，这更让人困惑。

我们知道有些马克思主义者不是学校老师，所以可以说一些学校老师并非马克思主义者。（并非如此。）

当你有意使用这个谬误时，需要更谨慎的准备。这是一种近距离战术上的谬误，而你最好别让听众知道，你所指的是"有一些"还是"全部"。像"得州[1]兔子是可长到 1 米以上长度的动物"这种有技巧的含糊说法，它并没有清楚表明指的是某些抑或全部的得州兔子。你偷偷摸摸地使用错误换位谬误，可以让你的听众深信任何在得州的动物，只要长达 1 米以上，就会是只兔子。这可是会让得州人抓狂的。（因为高于 1 米的所有得州人全成了兔子。）

---

[1] 得克萨斯州（State of Texas）的简称，位于美国南部。

1.8 不当周延
"有些"的前提推出"全部"的结论

一个关于论证的规则告诉我们，假若在结论之中，有一个用语提到整个类别，指向结论的证据必定也会清楚地告诉我们这整个类别。举例来说，我们无法对"全部的房地产中介"下结论，除非我们使用大众对他们的普遍认知作为开头。要知道，指出某些房地产中介在开展业务的过程之中违法，并不能证明我们对全部房地产中介所下的结论是正确的。破坏这个规则的论证，就犯了不当周延的谬误。

所有的税务员都是公务员，所有的税务员都是恶霸，所以所有的公务员都是恶霸。（太惨了。或许只是有些公务员比较傲慢而已。这里的谬误是我们在结论中提及"所有"公务员，但前提只告诉我们税务员不过是公务员中的"一些"而已。）

使用不当周延的论证会因为站不住脚而变得不具说服力，尽管前提只提到整类中的某一部分，但是结论却顺势引出了该类剩下的部分。换句话说，我们试着推出想要的结论但证据不足，导致了这样的谬误。
以下是另一种较难发现的不当周延谬误的使用例子：

所有骑自行车的人都是节俭的人，没有农人是骑自行车的，所以没有农人是节俭的。（这看似符合我们所见的事实，但有个谬误存在其中。我们大可以轻松地说："所有骑自行车的人都是终有一死的人。"否则会给人们一个观感：那些肥胖的农夫，会永远开着他们又笨又重的车。）

这个例句的谬误在于，前提中告诉我们骑自行车的人是懂得节俭的人这一类别中的一部分；但在另一方面，结论却告诉我们，"整个"懂得节俭的人的类别里没一个农夫。这再一次犯了不当周延谬误。

这些涵盖了整个类别的术语又称作"周延词"，我们通过一些规律可以找到它们。一般来说，当谈到"全部"或"一个也没"的全称句时，就已经将周延的主词分出来了。反之，告诉我们并非这般的否定句，就已经揭晓周延的述词了。从上面的例子来看，"节俭的人"这个词在结论中是周延的，因为它基于否定的陈述，但在前提中，它是不周延的，既不是全称句的主词也不是否定句的述词。听起来似乎非常复杂，其实规则很简单，你可以看到，哪一个结论是在没有任何信息提示的情况下企图将整个类别包括进来的。为了使你的朋友们感到头晕目眩，你可以将这种结论中主词无理周延的谬误称为"不当小词（illicit minor）谬误"，将结论述词无理周延的谬误"不当大词（illicit major）谬误"。

使用不当周延要做足功课。你应该利用它支持一些看上去合理但带着极少无法验证的技术性技巧的结论。你对不当周延的专业知识能使你建构以某类别中一些成员所做的事为基础的论证，而且能很顺利地达成与这些类别全部成员有关的结论。

有些澳洲人是有趣的家伙，有些赌徒不是有趣的家伙，所以有些澳洲人不是赌徒。（谁知道呢？也有可能是真的，但需要更多的证据来证实。）

1.9　从否定前提得出肯定结论
因为不是，所以是

在一个论证中，在由两个前提推出结论时，不允许有两个否定前提，但允许一个否定前提，而且导出的结论也必然是否定的。谬误在于，在得出肯定结论的两个前提中，有一个为否定的。

有些猫不笨，而所有的猫都是动物，所以有些动物是笨的。（有些不是猫的动物也很聪明，但结论却没跟进。一个前提是否定的，其有效结论就必须是否定的。）

虽然两件事须借由与第三件事的关系才能确立彼此的关系，若涉及其中一方的前提为非真，则所做的推论必须显示出另一个关系也全部或部分地被排除于某些类别之外。换言之，若两件事情与第三件事各有不同的关系，则它们必然隶属不同的类别。从否定前提带出肯定结论的谬误，试图让我们相信借由不同类别的事物可以说明某些事物是属于同一类别的。

这个谬误的问题在于彼此的关联性会露出端倪。你可以试着告诉你的听众老鼠是什么而绵羊不是什么，来说服他们老鼠就是绵羊。不过，你不太可能成功，理由很简单：人们在羊毛盖到眼上之前就嗅到了老鼠的气味。简单来说就是，你不可以将两个分属不同类别的东西生硬地归为同一类。

如果你硬要这样做，唯一有可能的，就是拨打电台节目的热线电话。在电台的热线电话节目中，什么东西都可以拿来胡说。

1.10　四词谬误

我喜欢他，他喜欢她，所以我喜欢她

四词谬误，是指出现四种词项的谬误。标准三行论证要求，一个词项在前两项重复使用，在结论中排除。这是因为，先将两件事与第三件事之间的关系带出，再以此建立这两件事之间的联系，是有效的。这种三段论推理取决于"中词"（middle term），中词在前提中重复，在结论中消失。我们无法有效地从孤立的四个词项当中得出结论，否则就犯了四词谬误。

约翰在彼得右边，而彼得在保罗右边，所以约翰在保罗的右边。（看起来合情合理，但一句有"彼得右边"，而另一句只提到"彼得"，这是两个不同的词项，于是四词谬误就此发生。此结论并不成立，毕竟他们可能围坐在圆桌边。）

我们也可以这样简单地说：

约翰很敬畏彼得，而彼得很敬畏保罗，所以约翰很敬畏保罗。（其中的错误更加明显。或许约翰因为彼得的聪明才智而敬畏他，而彼得是因为保罗有辆奔驰而对他心生敬畏。那如果约翰有辆宾利的话，或许他就不会对只有一辆比宾利便宜的奔驰的保罗产生敬畏之心了吧。）

严格来说，谬误的产生是因为这一类型的词项在论证中被动词"是"给分开了。不管之后出现了什么词项，可能是"谁的父亲""欠谁钱"或其他，除非整个词项出现在下一句中，不然就是四词谬误。用了四个词项，我们就不能使用中词来推论词与词之间的关系：

约翰是彼得的父亲，而彼得是保罗的父亲，所以约翰是保罗的父亲。（连你的爷爷都看得出错误。）

现在我们来看下方中词重复出现的例子：

约翰是彼得的父亲，而彼得的父亲就是保罗的父亲，所以约翰是保罗的父亲。（这是三个词项，并且有效。）

四词谬误可能造成生活中无止境的混乱，如果约翰欠彼得45美元，而彼得欠保罗人情（如彼得溺水时保罗救了他一命之类的），那保罗哪天出现在约翰家门口，威胁他还钱，约翰可能会非常惊讶。从另一方面来看，若约翰爱上玛莉，而玛莉爱上保罗，除了剧作家之外，没有人会尝试完成此谬误的推演。

与蓄意的欺骗相比，四词谬误更像是真错误。大家可能会用身边的论证自欺，但无法瞒过别人。有些事情会让我们提高警惕。就像拿了张空白支票去银行兑现，没写日期，没签名，但大家只注意上面的金额大小。

中国对法国友好，而法国对美国友好，所以中国一定也对美国友好。（你根本想都不用想就知道是错的，只要记着不要相信任何跟法国相关的友好关系就对了。）

成功使用这项谬误的一个办法，就是偷偷带上一些比较词，比如"比……大""比……好""比……壮""比……肥"，尽管只有四词，但他们是传递性的。使用这些词后，再通过一些非传递性的关系，就可以达到目的。

亲爱的，我比你还年长、强壮、有钱，但是我尊敬你。而你尊敬你的母亲，所以我也必定尊敬你的母亲。（只是我不要她住在家里。）

1.11 中词不周延
它们都是一路货色

学生之间有个经典谬误,即论证"马有四条腿,而狗也有四条腿,所以马就是狗"。这是所有谬误中最出名的"中词不周延"的简单例子。马和狗确实都有四条腿,但它们都不足以代表全部的四足动物,因为马和狗具有各自的独特性,也不会与其他四只脚的动物相同。

中词是在三段论的两个前提中出现而在结论中不出现的词项,粗心大意的人们忽略它本身是周延的。典型的三行论证,需要这个中词至少有一次囊括类别中的所有成员,否则就是不周延。

所有人都是哺乳动物。有些哺乳动物是兔子,所以有些人是兔子。(虽说前两句是对的,但中词"哺乳动物"没有指明是全部的哺乳类,所以此中词不周延,推论无效。)

常识告诉我们中词不周延何以错误。根据标准的三段论,优先将大项与小项二者与中项之间共有的关系带出是有效的。只有在至少有一个关系是可以应用在中项的全部外延上的时候,我们才可以说大项和小项有某种确定的关系。

我们不能因为官僚是爱管闲事的,而独裁者也是爱管闲事的,就说官僚是独裁者。很有可能喝醉酒的人也是爱管闲事的呀,但不能说官僚就是酒鬼吧!(如果真是这样,生活就更有趣了!)这样的谬误,常常以"它们都是一路货色"的形式出现。

工人阶级的最坏压迫者是地主。琼斯是地主，所以琼斯是工人阶级的最坏压迫者之一。（在指出最坏的压迫者阶级是人之前，快点离开琼斯，因为琼斯是人……）

在中词不周延谬误中，最棒的就是你可以将新的不周延中词当作进一步的"证据"，支持你之前的不周延词项。（工人阶级的最坏的压迫者穿鞋子，而琼斯穿鞋子……）

内行人都知道如何借助这个问题分辨一个句子是周延或不周延的。他会学到这个简单的规则：普遍性分配到主词，而否定句则分配到述词。普遍性的原则，就是告诉我们这个类别的全部或不包含的事情；而否定句则告诉我们并非如此。有了这个技巧，内行人就有办法向他的听众展示这样的怪东西：

所有的护士都是真正伟大的人，而有一些真正伟大的人没得到该有的奖赏，所以有些护士没得到该有的奖赏。（所言或许为真，但他提出论证了吗？中词"真正伟大的人"并不是普遍性主词或否定句述词，所以是不周延的。因此，这里一个非常复杂的谬误就是中词不周延谬误。）

先撇开这些技巧的使用，如果能够系统地运用这个谬误，其简单的形式能够带给我们几个小时的成就感。你应该通过指出你所喜爱的事物与某些普遍得到赞美的事物存在同样的属性，以此赢得对你喜爱事物的认同感。同样地，你可以通过表现你反对的想法与普遍被厌恶的事情之间的相同属性来使这些想法不受信任。

工会歇业是多数人的意愿，而民主即是多数人的意愿。工会歇业是民主的做法。（我该赞同吗？［你应该。］）

精英主义只有少数人能获益，而网球也是少数人能获益，所以网球就是明显的精英主义。（大错特错！）

第二章

6个语言上的非形式谬误

2.1 重 音 重音的陷阱

2.2 语法歧义 有新外壳与备胎的老太太的车

2.3 合 称 最强的人组成的军队,就是最强的军队

2.4 分 称 最强的军队里每个人都是最强的人

2.5 语词歧义 这就要看你有没有诚意啰

2.6 实体化 提取夏日天空的蓝放入香皂

2.1 重音
重音的陷阱

重音谬误的产生缘于不同音高的变化会影响事实的传达,对语意扭曲的程度则根据字词重音的不同而产生差异。有些词与词组因为语气的变化,可能会产生与原意不同的意义,也有可能会带来字面或文句以外的意思:

点你的烟。(在无任何重音的情况下,这句话听起来只是简单的指示或邀请而已。)

点你的烟。(不是点抹布,也不是你感觉到自己快要气炸了。)

点你的烟。(就是指你的而非其他人的。)

点你的烟。(而不是将烟插进你的耳朵里。)

即使是一个简简单单的词组,稍稍改变重音,也可以明显表现出不同的意义。

我们都知道人皆生而平等,但没有理由将投票的权利授予每个人。(事实上,我们大概可以知道人生而平等,但是"生"而平等意味着他们无法平等太久。)

值得注意的是,重音是一种口语谬误。书面语中强调语气的地方通常使用斜体字,或者引述某些支持此言论的人的语录。在发言中,任何未思虑周详的强调都很容易冒犯他人,同时暗示你未对细节思虑周全。这项谬误在于强调语气所造成的弦外之音。它并没有形成可接受的陈述，也常被偷偷用于无法支持论证的情况。

重音谬误也时常用于强调禁止的事，通过强调"排除"的部分，从而暗示其他部分是可以认可的。

> 母亲告诫我们不应该对窗户丢石头。所以我们可以对窗户扔这些金属块。（然而，母亲向来都不是把东西"拿"起来解决问题，而是用踢的。）

在许多传统故事中，勇猛的英雄都是靠着重音谬误，在远古的诅咒或禁令中发现漏洞与弱点而赢得荣耀。希腊神话的英雄柏修斯（Perseus）知道，任何人看到梅杜莎（Medusa）都会变成石头。即使是大坏蛋也会使用这个谬误：像参孙（Samson）也被那位曾经答应不去"碰"他的非利士国王弄瞎。

一种最为广泛使用的重音谬误可能是，引用对手的话，通过重音使原话产生新的含义，借此使对手名声败坏。（"他说他从不会欺骗人民。但你可以发现他干的任意一件事是怎样的。"）法国国王路易十三的名相利希留（Richelieu）需要这个最诚实的男人所说的六句话以找到可以绞死他的理由。通过熟练使用重音谬误，你可以断章取义来扭曲事实。

当你提出的方案不被认同的时候，重音谬误就显得特别有用，因为它可以让你的方案获得更多的认同。（"我知道，我们[1]不会在遥远的岛上对人民发动生物战，但这些爱尔兰人距离我们并不遥远。"）

当你试图制定法规规章时，一定要记得有一些重音谬误使用者会来挑你的漏洞。你最终会像从前的邮政垄断时代一样变得措词更严密。那时连一个跑到街上大声叫喊的人，都可能违反了邮政垄断（虽然他们只是说出"街"这个字而已。）。

---

[1] 指英国人。

2.2 语法歧义

有新外壳与备胎的老太太的车

语法结构含混不明所造成的谬误,称为语法歧义谬误。当陈述的意思可以用一种以上的方式理解时,即为语法歧义,这通常是由文法的疏忽造成的。

公爵夫人拥有一艘很棒的船,但她的屁股上有个藤壶[1]。(这是一位需要特别照顾的公爵夫人。)

此谬误可以有无限的变化。许多语法歧义的好例子,都可以当成"困惑"的代名词:上文所说的"她",指的是船还是公爵夫人?同样的困惑也可能发生在动物身上。

我遇到一位骑着马的大使,他正在哼哧哼哧地发怒,所以我给了他一块糖。("他"可指代马,也可指代大使。难道所有的外交官都这么容易讨好?)

前后关系的省略,或由双关所产生的遗漏,带来许多经典案例,比如"她知道这件事不要紧。"还有为数不少的广告范例也是如此:

---

1 藤壶,附着在海边岩石上的一种节肢动物。

特价：有新外壳与备胎的老太太的车。[1]

当没有发现另一种解读也讲得通时，谬误就发生了。有时是标点符号的错置，有时是缺少可以排除语法歧义的标点符号。报纸的头条新闻需要耸动与简短，所以常出现语法歧义问题。第二次世界大战的文献曾经提及：

麦克阿瑟飞回前线。（原文是 Macarthur flies back to front. 如果第二个单词 flies 理解为名词"苍蝇"，变化可就非常大了。）

法国人把瓶子推向德国人后方。（原文是 French push bottles up Germanrear. 把 bottles 理解为名词和动词时意思不同。另一含义是：法国决心严密封锁德国。）

使用语法歧义谬误是神谕者与算命师最爱的蒙骗手法。适当的语法歧义可以让先知两面下注，在结果揭晓之后，他们总是可以安全躲在应验了的预言后面。克罗伊斯王[2]曾询问圣人，如果攻打波斯会造成什么，结果他得到的答案是"一个强大的帝国是谦虚的（humble，亦有低微之意）。"这的确是个预言，却是属于他自己的。

要将语法歧义运用得出神入化，你必须忽视标点符号的存在，特别是逗号。你必须学习如何缩短句子，像是"我听着教堂大钟的钟声在巷弄之中穿梭"，不知是你还是钟声在穿梭。你可以使用能够充当动词的名词，语法风格也可以是轻松运用错置的代名词以及含混的主语和谓语的。那些星座专栏提供了绝佳的样本。

---

1 原文为 FOR SALE: Car by elderly lady with new body and spare tyre. "body" 一词有歧义。
2 Croesus，吕底亚末代国王，非常富有，后为波斯所灭。

2.3 合 称
最强的人组成的军队，就是最强的军队

合称谬误认为，对某类别中的个体成员而言成立的事实，对整个类别也成立。有些名词可以指代整体或组成整体的部分，把整体的某一部分等于整体这一观念是错误的。

这应该是一个很好的管弦乐团，因为乐团中的每一位成员都是才华洋溢的音乐家。（每个人都很优秀不代表彼此可以合作无间，演奏家们可能在团队中忙于个人秀。）

足球经理同样也会转让一流的球员，不过最终他会发现自己也被踢走了。除非他们可以团队合作，否则比起让球进网，把经理赶走可是更容易的。

当我聚集了所有最强的人到军队中，他们就成了最强的军团。（我存疑。军队的力量取决于它的士气和团结精神，更不用说它的速度、作战能力和补给能力这一类集体属性。）

团队是一个独特的整体，它可能具备其中每个个体都不具备的性质。把整个团队当成个体，就会导致谬误。因此，能证明每个成员价值的前例与团队的总体评价毫无关系。

美国人尤其容易陷入这种谬误，因为他们的语法没有对集合整体和其中的个体作出区分。在美国人的语言中，集合名词后使用动词单数形式是很普遍的，这样做没有考虑指代的是集合还是个体。

在英语中我们会说"这个船员是个好人"（the crew is a good one），"船员"在这里指的是单独的个人。但当我们表示他们全体成员时，会说"船员们累了"（the crew are tired）。

如果社会中的每个人都可以照顾自己，那我们的社会就可以照顾自己。（这会变成人人都能自己照顾自己的社会。然而，也许社会还有需要被人照顾的其他方面。）

在另一种合称谬误的变形案例里，那些对单一个体成立的事实，在推及整个群体时都会变得不成立。

农夫得到牛肉价格的补贴，鞋匠得到鞋子价格的补贴，以此类推。显然，如果所有的产品都得到补贴，则整个经济体将会受益。（重点在于只有当农夫与鞋匠在小群体里面，接受其他每个人的费用时，才会受益。如果这个原则如此推演下去，则每一个人都可以收到补贴，每一个人也都缴税援助他人，而每一个人也都会遭受由这种官僚运作造成的损失。）

事实上，社会是运用合称谬误的最佳舞台。你可以把所有的同情心归于你的国人，你的听众很容易就会接受这些授予他们的光荣品质。当你偷偷采用合称谬误，把整个社会视为单一个体时，他们将不愿放弃自己刚刚得到的美好特质。

我们都知道，英国人一向都是热情慷慨的，正因如此，我们的社会应该提升老人、生病的人、失业的人以及那些欠发达国家的人的福利。（这样的行为或许是值得一试的，但只有以个人名义的捐赠才有可能。若是拿人民的钱去施舍，将会降低他们慷慨解囊的可能性。）

你或许会想这样说："爱尔兰人都比较早死，但是我很惊讶，这个国家还在持续发展中。"[1]

---

[1] 英国与爱尔兰有宿仇。

2.4 分　称
最强的军队里每个人都是最强的人

合称谬误的"分身"是分称谬误。当某些事情只有在某个团体被当作整体时才会成立，我们却把它归于这个团体中的个体时，就犯下了分称谬误：

使用威尔士语的人正逐渐消失。威廉说威尔士语，所以威廉会逐渐消失。（没有这么幸运。只能说威尔士语的族群会消失，而不能说威尔士语这个个体消失。）

借由描述整体的形容词来描述整体中的个体，便构成这样的谬误：

冰岛人是地球上最古老的民族。这意味碧玉（Bjrk）[1]必定比其他的流行歌手更古老。（在你造访她家之前，请记住冰岛人是住在热泥浆和活火山的四周。）

在语言结构中，分称谬误的根源在于集合名词的模糊性。两者都属于含糊的谬误形式，名词的不同意义打乱了论证的有效性。只有始终保持同样的意义，它才能是有效的。（福音书有四部，《马可福音》是福音书，所以《马可福音》是四部福音书之一。）

分称谬误通常在错误地将属于群体或团体的声望用在个体上的情

---
[1] 冰岛女歌手。

况下发生：

> 法国人在橄榄球运动上是顶尖的，马赛尔是法国人，显然他必定在橄榄球运动上非常顶尖。（但是，因为法国人生产许多低脂牛奶，所以马赛尔大概也有其他特殊能力。）
>
> 加州是美国一个非常富有的州，如果他是从加州来的，他也一定是个有钱人。

我们常会不知不觉地犯这种谬误，根据某人所属的圈子而认定对方也是这种人。这可以是有利的——爱丁堡大学的教育是一流的，而约翰逊在那里开课，所以他一定是一流的；或者不利的——瑞士是一个非常消极的国家，所以我不认为可以指望那位瑞士籍的董事能有多积极。

还有一个有趣的谬误，我们称之为复杂分称谬误，它假设一个大类里面的子类会有与这个大类一样的特征。在这样的说法下，我们会见到一对英国夫妇和他们平均 2.2 个的子女，带着平均 0.7 只的猫以及四分之一的狗在散步，他们还有 1.15 辆车，而轿车停在他们三分之一的车库中。

在复杂分称谬误的世界中，一对拥有两个小孩的英国夫妻是非常紧张的，因为他们知道第三个出生的小孩必定是中国人。当然，在真实世界中，它们是一些不同子类，组成了整个大类的完全形态。（"试飞员偶尔会因意外死亡，所以我想飞行中尉罗宾逊现在就会被杀害，或是自杀。"）

你作为团体的成员之一，可以用分称谬误来沾整个团体的光，得到前所未有的信心：

> 让我们来解决这个问题。我们英国人处理纠纷比世界任何一种人都有更丰富的经验。（我们英国人大部分在出生前就已经具备这个经验了。）

你也可以通过指出对手属于不受人敬重的团体来攻击对手。

我的对手来自格拉斯哥[1]，住在那个城市的人不是以高智商闻名。（如果真是这样，那其中应该还有人特别聪明，就像你的对手那样。）

1　Glasgow，苏格兰工业大城市。

2.5 语词歧义
这就要看你有没有诚意啰

语词歧义指言词暧昧、模棱两可,通常出现在意图欺瞒的语句中,也常用来对付嫌犯。语词歧义谬误发生在使用含有多重意思的词语的情况,尽管完整推理需要自始至终以相同的用法使用这个语词。

幸福是生命的终点;生命的终点是死亡;所以幸福是死亡。(论证的形式是有效的,但是第一句"生命的终点"指代的是理念,而第二句提到的是现实。我们可以发现这已成了一堆学生的难题。)

有半个面包比没有好;(Half a loaf is better than Nothing.)
没有比身体健康更好的了;(Nothing is better than good health.)
所以有半个面包比身体健康更好。(Nothing 有歧义。)

言词中的语词歧义使用是一种谬误,因为这会让我们将已准备接受的一个概念,转换到另一个刚好相同的名称上。除非概念本身改变,否则对概念之间的关系进行处理就是枉然的。

英国找不到大象,所以如果你拥有一头,别失去它,否则你将再也找不到它了。("找不到"在这里代表两个不同的意思。)

一些语词歧义的使用是很容易辨认出来的,但有更多不容易辨识。明察秋毫者擅长使用语词歧义,造成截然不同的结果以掩盖事实。如

果政治领域放弃语词歧义谬误,那政治就会成为完全不同的艺术。所以,商业书信会这样写:

你可以放心,你的信件会得到应有的注意。(当信件被轻柔地抛到废纸篓时。)
"任何人只要能让史密斯先生为他工作都是幸运的。"

语词歧义节目的笑话,也常有赖于这种谬误。

"我的狗没有鼻子[1]。"
"那它怎么闻东西啊?"(那它闻起来怎样?[2])
"真糟糕!"

美国第三十任总统柯立兹(Calvin Coolidge)受访时曾被问到:

您认为歌手的表演(execution,也有处死的意思)如何?(他回答:"我已完全同意。")

  给面对选民的候选人建议:当你不知道该怎么做时,就采用语词歧义吧。你无法每次都取悦所有的人,但是你可以很精准地将他们玩弄于股掌之间。候选人对赞同死刑的群众重申,他要对杀人者处以最"切合实际"的惩罚;当面对反对死刑的群众,他会"人性化"地考虑。他想要的可能是赞同减轻量刑或人道的死刑。
  语词歧义如同复杂的国际裂缝中的强力胶,利用圆滑与难以识破的特性,顺利地连接不可调和的差异。许多全面和坦诚的讨论以联合条约的形式愉快地终结了,联合条约的每个字句都经过仔细斟酌,好

---

[1] nose,鼻子,也指嗅觉。
[2] 此处原文: How does he smell?

让合约双方可以作出完全不同的释义。

这些语词歧义词汇，可以从国会的听众席中学到。如果你已经是议员，那大概没有你需要学的了。

当你掌握了诀窍，对于诸如"充分考虑"之类的词组也能流利地运用时，你就可以出神入化地运用这个谬误了。

当然，这就要看你有没有诚意啰。（如果你觉得这句话很有诚意，那你就错了。）

2.6 实体化
提取夏日天空的蓝放入香皂

实体化谬误，也称具体化（hypostatization），意指将抽象的词当成真实的东西。我们可以欣赏夕阳红，但不能因这个词语的存在而想象红是个实体。当我们看见红球、红桌、红笔和帽子时，如果我们将抽象事物——红色——与球、桌子、笔和帽子视为一样的物体，我们就犯下了实体化谬误。

在天空之岛[1]，我们提取了夏日天空的蓝，并将之放入天堂般的香皂中。（夏日天空的"蓝"并不是一个实体，不能被当成物质处理。）

将形容词转换为实体，只是一种实体化的形式，我们可能会犯将抽象名词转换为实体的错误。

他明白他的未来已经被抛得很远，所以他将余生的中午都拿来寻找他的未来。（如果你觉得听起来很蠢，你应该去看看柏拉图在寻找的正义。）

有些时候，物体或许会因其序列而具有间接关联的属性。如果我们认为这些属性与他们所对应的物体具有同样的真实性，我们就犯下实体化谬误。

---
1 斯基罗斯（Skyros），希腊小岛。

第二章　6个语言上的非形式谬误

它（《爱丽斯梦游仙境》中的那只柴郡猫）消失得如此之慢，开始是它的尾巴，接下来是它的脚爪，然后是其余的部分。（爱丽斯拥有犀利的双眼，因此看得见这只猫。然而，当公爵夫人难以看到人时，她却看到路上的无人［nobody］。她把 nobody 当成了实在的人，因而犯了实体化谬误。）

这项谬误的发生，是因为语言没有足够的力量变出实体。但至少我们可以谈论一些完全不存在的事物，也可以谈论一些有可能存在的事物。"红色注入了天空"的表达方式，如同"天空被染红了"，这些词语意味着不同的活动形态。我们的用词无法证明这些事物的存在，它们只是我们拿来谈论经验的装饰而已。

有一个哲学学派相信，如果我们可以谈论某些事物，那么，这些事物在某种意义上是存在的。我们可以用独角兽或现任法国国王造句，因此可以宣称独角兽与现任法国国王一定都是存在的（例如国王骑在独角兽上）。

还有另一学派将此项谬误提升至艺术境界，通过谈论事物的基本组成，宣称鸡蛋之所以成为鸡蛋而不是其他东西，是因为它的蛋的样子或者说蛋的本质。这个本质更为真实且比真正的蛋更为持久，一般的鸡蛋会在起司腌肉[1]中消失，但是鸡蛋的概念仍然是存在的。这个谬误是容易反驳的，因为它太过荒谬、太过主观。我们使用文字作为标签套用在物体上，让我们不需要一直指着这个物体靠手语沟通。除非我们同意以某种方式使用这些词汇，否则词汇的使用并不能构成一个推论。如果有人将所谓的"本质"抽离你的词汇，然后告诉你什么是你真正相信的，那就换组词吧。

"你宣称支持自由，但是整个自由民主体系也有奴隶制度的本质。"
"好吧，那我们可以称它为奴隶制度。更明白地说，所谓的'奴

---

[1] quiche lorraine，法国家常料理，一般当作前菜或色拉使用。

隶制度'，在于人民投票希望赢得选举、拥有新闻自由与司法独立等。"（这是一项扰乱战术，控诉者期待旧有奴隶在农庄中被鞭打的形象能被转换用来描述那些西方民主国家。）

实体化谬误的使用可以让你引导别人赞同你的论点，使他们支持你。你只需要使用抽象的概念，将它们转换成实体，并在你说的话里证明这些实体真正的性质。

你说上帝存在，那就让我们看到祂的存在。我们可以谈论已经存在的桌子、椅子，但是当你谈论的事情脱离这些桌椅等既定存在的物体时，让它们从存在中离开吧。当带走任何一件存在的事情，留下的会是这些不存在的，所以当你看到心目中那位上帝的存在，那也只是等同于不存在。（他永远不会指出"存在"并不存在，毕竟，黑格尔也不会。）

第三章

22 个关联（省略）的非形式谬误

3.1　伪两难推理　普罗塔哥拉的诉讼

3.2　隐蔽量化　修车厂的技师都是骗子

3.3　贬抑备择选项　因为其他的都很差，所以我的最好

3.4　重新定义　我其实是这个意思

3.5　外延修剪　我并不是那个意思

3.6　闪烁其词　永远不会错的预言

……

3.1 伪两难推理
普罗塔哥拉的诉讼

不同于一般形容选择困难的用词，两难困境可谓是错综复杂的论证。在两难困境下，我们知道不同选择的后果，也知道采取其中一个行动时必然会产生一个相应的后果。譬如，一位希腊母亲告诉她那政治生涯踌躇不前的儿子：

别做了。如果你说实话，人们会恨你；如果你说谎话，神会恨你。当你必须选择说实话或谎话时，你必定被人们或神憎恨。

两难困境是论证的一种有效形式。如果描述的后果都为真，而且必选其一，那相应后果就一定会随之而生。但在许多情况中，人们所提供的信息是错误的，而且选项也没有受限。在这些案例中，两难困境是虚假的。伪两难推理，是错误地或误导性地表现了一个不存在的两难困境。

在上述例子中，那个儿子有几种可取的回应。他可以否定相关的后果，宣称这个两难困境是虚假的，这称为"抓住两难之角"。他可以否认如果他说了实话，人们会厌恶他；相反地，他或许会说因为说了实话而得到人们的尊敬，这种替代陈述被称作"并列体"（conjuncts），这足以表明二元对立的两难困境是虚假的。另一个做法是，他可以表明有一个错误选项，这叫作"介入两难之角"。他有时可能是诚实的，有时则是狡猾的，不会勉强自己去说实话或谎话。他可能会作出既包括真实因素也包括虚假因素的陈述。如果困境的选择之——"选言项"——不是一个表达详尽的选项，那么这个两难困境就是虚假的。处理这个两难困境的第三个方法就是去驳斥它。这个高雅技巧需要以和原本元素相同的元素来制造一头同样凶猛的野兽，并直接在对立面迎头攻击。在上面的例子中，年轻人回答：

> 我应该做，母亲。如果我说谎话，人们会爱我；如果我说实话，神会爱我。当我必须选择说实话或谎话时，我会得到人们或神的喜爱。（这样的用法，在辩论中随处可见，不过效果就像把钱投到赌桌上一样。）

希腊哲学家普罗塔哥拉（Protagoras）喜欢教授法律与其他科目，有一次他愿意免费收一个穷学生，直到他赢得第一个案件为止。随着时间流逝，年轻人没有接到任何案件，为此，普罗塔哥拉控告了他。起诉内容很简单：

> 如果法院判决是我胜诉，则他必须付钱。如果法院最后判定是他胜诉，他则赢得他的第一个案件，因此也要付钱给我。由于法院必须判决我或他胜诉，因此我都必定拿得到钱。

然而，这位年轻人是一位好学生，他发表了下面这篇抗辩文：

> 反之，如果法院判我胜诉，那么我不需要付钱。但如果判普罗塔哥拉胜诉，那我还是没赢得第一个案件，我也不需要付钱。不论法院判我赢还是他赢，任何一项判决下来我都不需要付钱。（法官崩溃了，将案件无限期延后。年轻人因此证明了选言项错误，也逃出了两难困境。）

假两难推理中的谬误由错误结果或错误选择组成，可以用于你反对的决定快要实现时，这会使情况对你变得非常有利。当你指出两件事其中一件的发生会招致不好的结果时，你就犯下了这项谬误：

> 如果我们允许在这个地区开一间给问题青年的旅馆，那么这旅馆也许会是空的，也许会是满的。如果是空的，将会造成金钱的浪费；如果是满的，则会给地方带来许多麻烦制造者，让地方难以应付。因此……（祝你好运，希望委员会中没有普罗塔哥拉的学生。）

3.2 隐蔽量化
修车厂的技师都是骗子

当陈述中提到一个类别的时候,有时谈论的是整体,有时却只是整体中的某些成员,有时甚至没有明确指向的对象。隐蔽量化的谬误,通常起因于陈述过程语意不清,引起关于数量的误解。

修车厂的技师是骗子。(什么,全部都这样吗?原话并没有这样说,但有很大的不同。如果他指的是全部的技师,那你跟其中一个技师说话就会像跟骗子说话一样。虽然许多驾驶者会这么认为,但只有少数的修车技师同事会这么觉得。)

隐蔽量化是一个相当常见的谬误,因为批评特定的"某些人"给人的观感不好。"所有"听起来的观感比较好,但可能是不正确的。为了不受到这个技术限制,演讲者往往会夸大真实数量,用"所有"来替代,好让听众容易理解案例。有些人会以怜悯的口吻对烦恼的家长说:"青少年真是麻烦。"这样的说法可以解释为"一些青少年",甚至"许多青少年往往是这样",但也可能只是因为一颗老鼠屎而坏了整锅粥。像这样的状况,虽然不是故意的,但听起来却似是而非。所以说这项谬误源于语意不明。一种说法理应只有一个意义,但有时却会产生歧义,而不同的含义就会产生不同的结果。

颠覆分子在社区大学教书。(可能是有一部分,但不太可能全部的颠覆分子都被雇用了。这样的说法似乎在告诉我们,只有颠覆分子才会在社区大学教书。学士学位平均素质差异很大，正如同课程大纲也会有差异一样。）

隐蔽量化作为一个引子，通过掩盖个体只是部分地拥有所属群体特质的事实，以抹黑具有某种特质的群体中的个体。

你有没有注意到主教都很肥？我猜杰森当了主教后，一定会发福。（你可以看到他变胖。）

你应该使用隐蔽量化来强化立场过弱的情况。假使你试图怀疑某人，你可以利用他们隶属某群体的成员身份，将矛头指向整体，制造某种关于此群体的消极印象。只要你的描述有理并且对某些人来说是事实，你的听众便会将你话中的"所有"或"只有"，影射到那些人身上。

我认为我们不该雇用汤马斯。我知道他爱好钓鱼，而所有游手好闲的人都爱钓鱼，所以我觉得这是个很不好的迹象。（听众会买账，重点在于使用了"所有游手好闲的人"，所以汤马斯自然而然就包含进去了。）

3.3　贬抑备择选项
因为其他的都很差，所以我的最好

在既有或已知的一组选择中，通过批评其他选项是劣等的，可以合理地建立某一选项的优越地位。然而，如果所有备择选项都不确定或不为人所知，如果寻求的是绝对性而非比较性，那么通过否认替代方案来为特定方案辩护的做法就是一种谬误。这样的谬误，就是贬抑备择选项。

霍金的理论是正确的答案，其他理论已被证明是不可救药的错误。（可能霍金的理论明天就会被推翻了。）

即使只有两个备选，我们也不能通过表明另一个不好而显示自己是最好的。或许两者都不好呢。相同的道理可以应用到更大的群体中。

切尔西的确是一支很棒的足球队。你看看利物浦跟曼联多么没用。（你未曾想到的其他队伍或许也可以这样清算，但即使利物浦跟曼联真的很差，也无法证明切尔西是很棒的。所有足球队都差得一塌糊涂也说不定。）

此谬误之所以发生，一是因为未经考虑没有提及的备择选项，我们便排除了与决定有关的因素；其次在于，在需要作出简单判决的情况下，通过引入捣毁他人的信息，我们引入了不相关的问题。

备择选项属于偏袒谬误。使用这种谬误的人，目的是提高自己的村庄、国家、团队、教堂、领地、族群或阶级的位置，通过贬低他人以达成目的。英国诗人布鲁克（Rupert Brooke）曾将此谬误带到著名诗作《格兰切斯特的老神舍》中，作为一种幽默。诗中在赞誉格兰切斯特[1]时，顺便对其他小镇作出敌意批评：

在剑桥，人们很少有笑容，
这个城市，蛮荒，包覆着狡诈……
坚强的男人逃离了一里又一里
当有个笑容出现于切利辛顿[2]……
坚强的男人宁可灼烧或射杀自己的妻子
也不愿送她们到圣维思[3]去。

在英国选举中，贬斥对手以抬高自己被认为是候选人最坏的榜样，候选人会让他的助选员替他做这件事。在美国则不会有这方面的愧疚：

你决定你的选票：是要选择一个强奸犯、职业色狼、变态、贪污者，还是我。（美国的候选人往往比较向往异国情调[4]。这或许可以解释这样的现象。）

用你支持的提案将其他提案比下去，这种谬误会带给你许多的乐趣（与相当的罪恶感）。我们似乎有一种双重标准，使我们对美德视而不见，对错误却眼疾如鹰。对你而言，这就有了使用谬误的机会。当你选择了一组备择选项并指出它的缺陷，听众会将他们找茬的眼睛从你的提案上移开。他们以为倘若你可以提出更好的想法，你就不会把所有事情都贬抑得如此愚蠢、错误与邪恶。但他们的想法错了。

1　Grantchester，位于剑桥郡。
2　Cherry Hinton，位于剑桥郡。
3　St Ives，位于剑桥郡。
4　意指学到英国的那套坏榜样。

没有一个新大楼的设计能够获得普遍认同，但是请看看这些替代方案：玻璃砌成的火柴盒、裸露着管道的东西和混凝土铸造成的怪物。（然而你认可的建筑管道漏水，瓷砖掉落在路人头上，而且需要支付如国王待遇般的高昂维护费用。但他们还是不会发现这些，因为你让他们专注在贬抑选项上了。）

3.4 重新定义

我其实是这个意思

当有人改变语词的意义，试图以之来处理或反对原有的措辞时，就犯下了重新定义谬误——通过改变原始字义，将原来的论断转换成为另一种陈述。

"他从来没有出过国。"
"事实上，他去过波隆。"
"你不能说去过波隆等于出过国。"（那可以说成什么？不如称之为"在黑泽[1]中坐在帆船躺椅上"好了。）

语言的使用是约定俗成的。当我们遭到反对时，如果我们声称所说过的字眼其实指的是不同含义，我们谈话的逻辑性会全盘瓦解。

重新定义的谬误之处，在于暗地里将一个概念替换成另一个概念，假装在解释正确的字义。先前字义的解释可能不适用于它的替代词。（"警官，当我说我没喝酒时，我是在说我喝得没有平常晚上的多。"）

重新定义让人们可以宣称他提出了一个完全不同的观点，以便在争论处于下风时挽回面子，它同时可以通过更严密的解释来排除可能的例外。

"你对处理恐怖分子毫无经验。"

---

[1] Blackpool，英国西北部的一座港口城市。

"事实上，我曾经做过马来西亚与新加坡政府的反恐顾问，我还在美国的反恐学院读了四年。"
"我指的是你在英国没有任何对付恐怖分子的经验。"（他应该说指的是史肯索普城[1]，这样会更加保险。）
"当我说我们已经被独裁者统治时，我指的当然是税吏与政府，而不是陛下。"

重新定义是哲学家最爱用的求助方式之一，他们对"美德""善"甚至是"意义"的定义，都会成为同僚之间的后门。当曲棍球运动中偶尔射在门柱上而非优雅地进入网中，哲学家们便有可能重新定义这些门柱，将它们摆在稍微不同的位置，以使球不会击到门柱。

刘易斯·卡罗[2]的小说有段总结：

"有一份荣耀要给你！"
"我不知道你所指的荣耀是什么意思！"艾丽斯回答。
汉部丁轻蔑地笑着："当然要我说你才知道。我是指'有个一针见血的论证要给你'。"
"但'荣耀'不代表这个'一针见血的论证'。"艾丽斯反驳。
汉部丁以责备的语气说："当'我'使用一个词语时，指的是我要这个词所表示的意思——不多也不少。"（出自《境中奇缘》）

英国的财政部部长都不太专业，他们拥有众多财政官员，但他们的目的只是简单地重新定义"成长""投资""消费"与"景气"这些字眼而已。

当你适时地重新定义所掌控的论证，重申含糊不明的字义是明智的行为。词汇用法背后隐藏着权威性。一个好方法就是当你开始发表

1　Scunthorpe，英国城市。
2　Lewis Carroll，《爱丽丝梦游仙境》与《境中奇缘》的作者。

第三章 22个关联（省略）的非形式谬误

言论时，有技巧地使用词语。

当然，我如统计学家一般使用"期望值"，用回报的大小乘以发生的概率，但我并不是指我们要期待任何事情都会发生。（也许吧，除了一条巧妙地逃开钓钩的鱼之外。）

当你在重新定义时，有一个好用的方法可以为你提供掩护。你可以假设每个人都能了解你的第二种定义，而只有你的批评者才会如此挑剔地忽略它：

每个人都知道当我们谈到火车是否准时抵达的话题时，我们用的是铁路对准时的定义，即在时刻表的10分钟之内到达。（无论如何，目前大家都这样做。）

3.5 外延修剪
我并不是那个意思

当我们挑战严格的文字定义时，就犯了重新定义的谬误；当我们以对方习惯接受的意思使用词汇时，又犯了外延修剪的错误。后者源于我们可以对词语进行两种解读。我们可以描述所提及的事物特质，也可以采用举例的方式；第一种是语词的"内涵"（intension），第二种是语词的"外延"（extension）。以"电影明星"为例，我们无论是描述电影中男女主角的角色，还是举出几位著名的明星，都可以传达所要表达的意义。

措辞通常通过组合的方式传达出极其细微的意义。思想的涟漪激起浪花，唤起依赖于与之前相关的各种不同观念。这些细微之处，是文字的部分意义，是传达者与接受者能够了解的。当使用者坚持只用文字上"内涵"的定义时，外延修剪的谬误就发生了。

> 当时我说我会接受这项调查，我从未说过这将会是独立的、公开的，或将发现的真相公之于世的。（在该词有限的常规定义上，他或许是对的。但是就先前的相关调查而言，这不是绝大多数人通常理解的意思。）

阐述的是一个意思却让人以为是另一个意思时，谬误就产生了。争论点对于传达者与接收者双方都必须是相同的，否则就不可能进行理性讨论。犯这项谬误的做法有两种：一种是一开始便误导；另一种是重新修订严密的定义，避开立场弱点。

我们说的是会安装总机，我们没有说这一定有用。（他们也没说过。）

广告商往往都会对他们夸大的宣传做适当的修饰。

我们接受你那台车龄1年的旧车，并且用你当初买的价格折价买回。（严格来说，你当初以全价购买了这台车子，还有车子附带的税金。但是他们不会退还税金给你，无论你是否想到这一点。）

当事情结果出来的时候，随意给予忠告的朋友就会以相同的方式来修饰其表达的意思。

你看，我说过你会觉得你就像是亿万富翁一样，我知道许多亿万富翁都是很辛酸的。不要再抱怨啦！（你打他的感觉就像是打一头猪一样，但是你可能也知道，很多猪都很享受这种滋味。）

外延修剪披露了对方的行为，就如同航行的船只所造成的波纹一般，对方的言论会标记出他的轨迹。老套的用语"我所指的是……"、"如果你了解我确切的意思……"能让他显得更有资格。你会认清他是个说话从不直截了当的人，他话里的话可能要查字典才找得出来。

如果你已经熟练到能够将有限的陈述转变成更广泛的声明，你可以对你的保留曲目使用外延修剪法。你应该收集众人熟知的惯用语，即使这些字眼本身意思狭隘。

  我跟你说，如果我错的话，我请你喝一杯：白开水就是一杯喝的。
  我跟你说，我不会再抽烟，直到这周末。还有5分钟就是这周末了。（讲慢一点，顺便带本大字典吧。）

3.6 闪烁其词
永远不会错的预言

围绕着论证闪烁其词，就像将篱笆围在田地周围以防田地被践踏。论证中的闪烁其词，躲藏在含糊不清的意思后面，以便日后可以更改。("我说过，我们最不愿意在中东看到的事是一场全面战争，而我也支持那样的看法。我们发动的是一场'有限'的战争……")

闪烁其词需要做好重新定义的前期准备。你可以慎重地选择所要使用的词语及词组，以便转换定义。当有可能在不同的领域里出现反对论证与例子，闪烁的措辞就可以用来阻止对手进一步发展。("我所说的就是我会在合理的时间回家。就我以往回家的时间来看，我认为凌晨 3 点算是合理的时间。")

闪烁其词之所以是谬误，是因为它让两个或更多的不同陈述伪装成一个。另一种解释可称为夹带私货，就像奥德赛的同伴，搂住羊的下半身，看起来就像羊一样，希望听众如独眼巨人一样分辨不出其中的差异。闪烁其词的作用是使所传达的信息变得无用。

若无闪烁其词谬误提供机会，预言家想必会痛苦不堪。就如同在赛马中为了降低风险而下了超过一只马的注，所以，在预言中你可以对一个以上的结果下注。

> 你要残忍，勇敢而坚决；你可以／对人类的力量付之一笑，因为没有任何一个妇人所生的人／能够伤害麦克白。[1]（这里面的闪

---
1 出自莎士比亚的戏剧《麦克白》第四幕第一场。

第三章 22个关联（省略）的非形式谬误

烁其词，就是女巫没有告诉麦克白这些描述不适用在剖宫产降生的朝臣麦克道夫身上。他在遭遇从柏南树林到杜西宁山那么漫长的误解和障碍后才认识到这一点。）

大多数的神谕和保险代理商常常因为使用闪烁其词谬误而恶名昭彰——有一些模糊的程度超出想象。16世纪法国预言家诺斯拉达姆士（Nostradamus）的预言诗《诸世纪》艰涩难懂，可以解释的方式又太多，因此确实可以用来预测所有的事情。人们声称在那部预言里可以发现惊人的细节，并且出乎意料的准确。不单是拿破仑跟希特勒，甚至连近代的教皇与政客都在这部预言里出现了。然而，所有采用闪烁其词的预言都有迹可循。人们善于在诺斯拉达姆士的预言诗中找寻已发生事物的轨迹，但是对于如何找到准确的、对于未来所要发生的事物的记载，却没有太多成果。还有一个明显的一致性就是，在往后的世代中，不论在何时许多预言都能做出合理的解释。

不诚实是闪烁其词的特性之一。刻意地加入模糊的词义，只为达成欺骗的目的，以便日后无论结果如何都能证明预言者是对的。集市中的算命师，无恶意地隐藏他的闪烁其词，告诉你命中注定要去旅行（即使你只是搭36号巴士回家）；经济学者则隐藏他的含糊不清，告诉你在世界经济没有大变动的情况下，事情会变得更糟。（如果变得更好，那也是因为世界经济有大的变动。）

闪烁其词是需要设计的。很少有人可以临时炮制出含义暧昧的惯用语，我们希望从事先准备好的陈述而不是随性的发言中找到这些谬误。你应储备大量的词组，这些词组从某个角度来看是明白易懂的，但当你想以闪烁其词来装饰时便可派上用场。

支票在兑现后会直接存入你的银行账户。（什么时候？）

3.7 诉诸无知
因为没人证明成立，所以它不成立

苏格拉底由于明白自身的无知而被哲人认为是最有智慧的人。这个对自身无知的认知，对苏格拉底保持谦虚形象可能很有用，却是一个蹩脚的推论。当我们对一件事情用不足的信息去推断其反面时，便犯下了诉诸无知的谬误。

鬼事实上是存在的。许多研究团队花费多年心力与无数经费，想要证明鬼不存在，却从未成功过。（同样的一句话，也可以应用在阿拉丁神灯及世界和平上。）

诉诸无知的正面说法是：没有被推翻的事情一定是真的。其否定形式是：没有证实的事情一定没发生过。

"外层空间有生命体"这个说法根本是无稽之谈。我们知道外层空间没有生命体，因为所有企图证明生命体存在的研究最后都失败了。（喜马拉雅山神秘雪人、大脚、尼斯湖水怪与公正的社论都不存在，也是一样的道理。）

以上两个版本的谬误，都是诉诸无知：以无知来支持某个主张，即使自身的知识程度根本不足以证明该主张的虚实。这样的谬误以无知的形式和不相关的信息作论证。要证明一件事物的存在是极度困难的，更别说要证明隐藏在苏格兰尼斯深湖里、荒山野岭上或天鹅座61

号第三行星中一只害羞生物的存在。实际上，你必须亲自遇见它们才能够证明，而且即使遇见了，你也需要提供丰富的记录与证据来说服别人。

要证明一件事物不存在那就更难了，你必须同步观察整个宇宙，才能确保你想证实的不存在的事物没有潜伏在任何一个角落。当然，这并不会令人感到意外，鲜少有人完成这样的壮举。也正因如此，我们身边才会一直充斥着诉诸无知谬误以及人们想象力的其他产物。

孩子，我从银河的那端飞行到这端，我曾看过许多奇怪的东西，但就是没有看到一件事足以让我相信世上有个万能力量在掌控一切。

当然这样的情况也会发生：大家相信某些事情为真时，会期待有知识的佐证，此时若缺乏相关知识则我们的判断会受影响。举例来说，如果报纸没有报道、电视上没有任何目击者、街头没有任何的庆祝活动，也没有任何我们预期会伴随事件而出现的证据，大家将果断地拒绝相信"哥斯拉吞掉整个市议会"这样的消息。

诉诸无知如同斗篷，掩饰人们轻信异常事件的倾向。藏身于这种令人安心的保护伞之下，心灵感应、幽灵、恶魔附身、不可思议的金字塔、百慕大三角与烟草无害等信念得以广泛传播。（"电视暴力没有任何害处，并没有任何调查显示电视暴力对人有害。"）

当你的观点与所接收的信息不一致时，诉诸无知谬误便会发挥作用。你可以借助"缺乏证据即证明反面为真"的方式，说服其他人同意你异于寻常的见解。唯一会遇到的小状况，就是一个事件刚好有各种丰富的证据可以证明你是错的。你可以拒绝接受这些证据，并进一步诉诸无知，使用"没有人能证明这些证据是可靠的"来反驳。这么一来，你就可以罔顾眼前所有的常识与经验，永远对事情保持先入为主的态度。当你驾轻就熟后，可以在自己社会学学位后面，再加上一句"诉诸无知的专家"。反正没有人能证明你不可以这样做。

3.8　忽略了其他可能性
当你抱团取暖时，世界便小了

所有的论证和想法应该存在于一个原始的旧世界，并且一直遭受自相矛盾的想法和论证的攻击。因此，论证和想法应该直面并且应对与之相敌对的证据，这些证据要是自身未遭破坏、解释或者反驳，很有可能就会威胁到你的论证和想法。这正是密尔（J.S. Mill）所支持的观点：真相会通过公开的斗争成功浮出水面。科学也正是基于这个理论而获得进步：一方面，一次次的实验不停地对理论进行验证，产生一些不兼容的结果；另一方面，有一些反对意见用不同的假设来解释自己的证据。如果有这样一个学者，除了同意自己观点的同事，对其他人都闭口不谈自己的理论，并且也不分享自己试验的结果，在如今普遍认为公开辩论是人类活动的一部分的情况下，通常会被认为不配获得科学家这个头衔。

如今的智力辩论中，有一些人，他们周围只有跟自己持相同观点的人，他们只会从与自己相似的人周围获取资源，而不会跟自己观点对立的一方交流辩论。这种方式的问题在于，这样的人总是会觉得他们跟自己内部"小团体"所分享的观点才是唯一合理的。他们从来不会让自己的想法暴露在对手面前，他们认为自己的观点代表着真理，或者至少是唯一合理的。

与以上切断自己与广大世界联系的孤立团体相类似的，还有另一种人。他们觉得自己做事的方式不仅仅是自己的方式，也是正确的方式。当遇到跟自己生活方式完全不同的人时，通常会对这些人的异类和不庄重感到异常惊讶。我想说明的一点是，你需要多做比较、多自我评估。没有遇到过挑战的观点，总会缺少证明自身价值的方式。

要是广播公司工作的人周围全都是跟自己观点相似的人，他们只阅读跟自己世界观相同的报纸，社交圈也只局限于跟自己类似的人，这样就不可能接触到其他的观点，而这些不同的观点可能挑战或者引导修正他们原有的观点。他们会认为自己的世界观是唯一合理的存在，所有体面人士的世界观应该跟自己一样。

这更像是社会阶层的排外行为，那些跟自己行为实践不一致的人会被排除在圈子之外。

> 我认为每个人都用手来吃芦笋。
> 没有人在圣诞树上挂彩灯。（只有跟我们价值观和行为一致的才值得考虑。那些跟我们观点一致的是"每个人"，而跟我们不一样的则"什么都不是"。）

在某个阶层里面觉得有意思的东西，在观点和辩论的世界里面并不是那么有效。那些将自己和其他可能性隔离开来的人通常会犯这个谬误：他们认为跟自己志趣相投的同事或者朋友之间所共享的观点才是真理。

这个谬误也有用处。当其他人提出一些观点，而你或者你的朋友、健身伙伴或者天然食品店的其他顾客却普遍不认同时，不妨重新打量这些看上去古怪的观点，因为这些观点可能更值得讨论。

3.9 生命诚可贵

只要能救人性命,那就值得

上面这句话几乎能用在任何事情上,无论为此付出多大代价或者犯下多少错误。更极端的情况下,人们会说:"哪怕只能救一个人的性命,那也值得。"有些时候人们会觉得"人的生命是无价的",这时候情感比理智更让人信服。但问题是,我们不打算倾举国之力于拯救一个人的生命。有了这样的省察,之后我们谈论更多的会是代价而不是原则。我们的问题是,救一条生命究竟值得花多少钱。

我们可以关掉一些中小学和大学,转而把这些钱用在道路安全和卫生服务上来拯救生命。但是考虑到中小学和大学能带来的贡献,很少人会认为这是笔划算的交易。当我们决定花一笔钱去拯救生命的时候,我们要考虑下这些钱的其他用途,看做出的牺牲是否值得。

一个人的生命对于他的配偶或者父母这样的至亲来讲可能是无价的,于素不相识的人而言,价值就没有那么大了。为了救心爱的人,很多人可以省吃俭用一整年来攒下一笔钱,但不是所有人会愿意这么做来拯救素不相识的人,比如把省下来的钱用于增强在河流或者湖泊游泳的安全性。

铁路可以向乘客索取更高的票价,然后把钱用来加强铁路的安全建设。事实上,火车和铁道部门用一种粗略计算的方式得出这个结论:要是100万英镑以下能救一个人的话,这笔交易就是值得的;如果花费1 000万英镑只能救6个人的话,就不值。过去,当有乘客掉下火车不幸身亡时,考虑到火车副锁装置的安装,计算表明他们期望5万英镑能救一个人。这被视作是一个很好的交易并得以实施。然而,很少有人会愿意看到火车票票价翻了两倍以改善火车现有的安全问题,但却只能救极少数的人。

这个问题在英国的医疗服务部门最严重,出错得也最频繁。我们可以理解大众都希望更多的资源通过最昂贵、最完善的流程来拯救心爱的人,但是英国医疗服务体系的工作人员很清楚,花在特定患者身上的钱没法用在另一个患者身上;用来拯救一个早产儿的资源,没法用在需要进行肝脏移植的年轻小伙子或者一个需要进行化疗的中年妇女身上。衡量拯救一个人需要付出的代价,应该是考虑到有多少人会因此失去生命。

尽管这种计算有一定的道理,但这个谬误的情感诉求太过于强烈,以至于要是有人准备以理性衡量这个交易是否值得的话,会被说成冷血和铁石心肠。这意味着,在实际生活中你可以通过声称自己是为了救人来赢得各种辩论。很有可能,过去某个时刻已经有人提出,应不惜花费数万亿在整个英国海岸线周围建一个围墙。

"哪怕这个围墙能避免一个人掉进海里被淹死,也是值得的。"
(不,不值得。)

3.10 诉诸"石头"
我不 care

18世纪英国哲学家贝克莱主教（Bishop Berkeley）曾表达过这样的观点："某件事物如果不被人感知，则此事物无法独自存在。"当作家博斯韦尔（Boswell）告诉文学家强森博士（Dr. Johnson）这个观点是不可能被反驳的时候，那位杰出的博士用脚踢了一颗大石头，脚反弹回来，并说："我如是驳斥。"与其说他是要刻意去反驳，不如说是多少有点漠视，因为那颗石头的存在，包括视觉、听觉及脚踢出去一瞬间的触觉，都由我们的感官感知到了。

强森博士诉诸石头的回应，引出了"诉诸石头"这个谬误。它完全回避整个论证，拒绝讨论它的中心主张。

他是我的朋友，我不想听到任何不利于他的事情。（绝对忠诚，而无任何确切的认知。）

我们不能因为论证或证据与原有的意见不同，就舍弃不用。不论我们多想忽略让人不快的意见，这都是一种可以支持自己的论点又不需要付出代价的谬误。通过拒绝可能与正确结论有关的材料，我们在无知中前进，这种无知作为幸福的源泉比正确性更可靠。

"诉诸石头"应该最适合以强森博士的行为命名，这谬误也是他最爱使用的。举例来说，他对自由意志理性及公平的观点是：

我们知道我们的意志是自由的，但也有尽头。（这句话的意思倾向于完成一个结论。）

英国哲学家边沁（Jeremy Bentham）将所有天赋人权的言论视为无稽之谈，还说不能剥夺的天赋人权根本就是"高跷上没有价值的东西"，就像是美国《独立宣言》一般。

在佐证站不住脚的原野，总有一堆石头可以让你踢来踢去。在信念无法被证明的地方，其拥护者总是可以运用这个谬误。

理智不是向导；你必须敞开你的心房……然后你才会"知道"。（虽然对局外人来说，这个说法对找寻真理的帮助不大；但对"知道"的人来说，却很舒服。）

这样的谬误在大学校园中屡见不鲜，其高发程度令人吃惊。在准学术圈子，大家常主张某些书籍不可以在校园流通，因为会散播错误信息。发言者被嘘下台，因为听众"知道"他们言论的荒谬而不需要听其论证。有些学生组织还制定了"诉诸无理"的政策，拒绝让校园沦为散播错误的平台，就算是民选政府的政要也时常利用这样的谬误。

此谬误的魅惑版曾出现于美国哲人马尔库塞（Herbert Marcuse）的笔下，但现今已被人遗忘了。尽管20世纪60年代他在学生激进分子中的地位有如主教般崇高，他在著作《纯粹宽容批判》（A Critique of Pure Tolerance）里提出了一项有趣的观点：宽容可被压迫，因为它允许错误的传播。我们要如何发现错误并防范呢？很简单。猜猜接下来谁要来告诉我们。

当你自己在使用"诉诸石头"时，你必须有绝对的把握，认定那些提出反对事实或论证的人是完全脱离常规的。就如同法官判陪审团藐视证据之罪一样，你要清楚地告知对手他所说的不符合常理；当你的对手已经超出可理解的常理及正当的规范时，他所谈论的便不再有讨论的价值了。

言论自由是可以的,但这是有条件的。("有条件"的意思是你并不赞同自由。)

当你能掌握大局时,你可以表现得更为强烈:"我不管现在几点了,立刻给我上床睡觉!"

3.11 再三重复

　　说过三遍就是对的

　　再三重复谬误，即只是简单地重复同一观点，没有进一步提供证据或支撑——尽管它能削弱对方的批判力。这里存在一个完全错误的假设：一再重复的事情更有可能是真的。再三重复利用不断重复，增加论点被接受的可能性，时常在面对众多证据针对一个论点的情况下出现。

　　这就是蛇鲨出没的地方。我已经说了三次，我再三告诉你的事情就是真的。（事实上，如果有人告诉你同一件事情三次，只是因为他没有其他东西可说。）

　　问题是，不断重复并不能增加逻辑上的合理性。这样做，只是企图说服听众，或使对方疲乏以削弱抗拒，或欺骗对方这件事情已经得到某种程度的检视。由于论点没有展开阐述，所以无论重复多少次也与事实无关。这样的谬误其实是诉诸心理因素，而不是诉诸理性。

　　"可是老师，那不是我干的！"
　　"但史密斯，这把弹弓是你的。"
　　"可是老师，那不是我干的！"
　　"而且有人看见你捡起石头。"
　　"可是老师，那不是我干的！"（这样的对话可以无止境地进行下去，除非对方使出撒手锏，以"诉诸武力"[ad baculum]速战速决。我们可以观察到，如果史密斯可以想出其他方法，情况可能对他比较有利。）

那些全然不足采信的政治教条，并非基于理性理由，而是用再三的重复堆砌出来的。举例来说，如果一个社会能为民众带来普遍的经济繁荣，并使普通人获得曾经是富人的特权的东西，你很难说服别人把这种状况叫做"剥削"。幸好，你并不需要说服别人，再三重复的效果就在不需要争论或证据，只要一而再、再而三地指控，最终总有人会相信。

广告人就是再三重复谬误的忠实信徒。做广告的人都知道，只要重复的次数够多，一个似是而非的诉求也能收获信誉与力量。他们知道诉诸理性的信念并不重要，重要的是建立关联性。

它比用漂白水洗还洁白，比用漂白水洗还洁白。是的！比用漂白水洗还洁白。（他们再三告诉你的事情就是真的。）

我们童年时听过的许多谚语，由于在脑海中回荡太多次，往往使我们假设其中必有道理。这样的假设，即使在生活中出现许多反证时仍能幸存，甚至能和与之相矛盾的谚语共存：我们相信"三思而后行"，却也相信"坐而言不如起而行"；我们相信"分工合作"，却又同时认同"厨子太多煮坏一锅汤"。这一切都说明了简单的再三重复谬误所带来的巨大影响。

要运用再三重复谬误其实很简单，你只需要一直重复自己所说的话，但要明辨在怎样的情况下谬误会奏效则比较困难。一般来说，长时间持续重复相同论调，会比短暂陈述来得有效。面对所有反对的言论，你必须不为所动，并且不断重申相同的论点。这不但能把听众逼到厌烦，也能慢慢灌输对手"反对也是徒劳"的想法。当对手因极度厌烦而放弃时，听众会开始认为，他们是因为再也没有理由反驳你而作罢。

下面这个公务员建议部长的内容，提供了关于再三重复谬误一个很好的案例：

> 但是部长，我已经跟你解释两年了，我们根本没有办法将这个部门的行政成本降低。每一个工作都与我们的行政效率息息相关。举例来说，我们雇用的那个大楼清洁工，他可以回收使用过的回形针……（在部长解决问题之前，这些再三重复谬误的疲劳轰炸已经把他击垮了。）

如果你想要成为这个谬误的专家，你可以仔细研究部长自己写的公文内容：

> 关于 11 月 9 日对部长失职的指控，我的回应与 6 月 4 日时的声明一样，这次我不会再理会此事，也不再多做描述。（可是老师，那不是我干的！）

3.12 忽视效益
大头大头，下雨不愁

成本－效益分析毫无疑问是完全合法的行为活动。这个活动应该要考虑到做一件事所能带来的效益，同时要把效益和成本做比较。当然，二者不一定都用货币来衡量，可以是活动所带来的任何优势和劣势。一般来说，成本－效益分析多用于确定是否值得做某事，即其所得是否多于其所失。它可以对当前活动和未来活动的企划进行评估。如果有人提出了一个行动方案，那么每个可能的结果都应该要考虑到并且进行比较，不管结果是好还是坏。

一个特别常见的谬误是，忽略活动或者方案带来的利益，或者只看到负面影响。如果只考虑消极的方面，人们就不大可能对活动进行有价值的评估。大多数活动涉及一些成本，有的可能非常琐碎，比如做这个事情的时间是不是可以用来做别的事情。只考虑成本会让人忽略活动带来的积极方面。

> 因为登山特别危险，所以我们应该取消登山活动。每年都有好几个人因为登山而受伤甚至死亡。

是的，这是事实。但是其他的好的方面呢？登山所带来的刺激和兴奋之情呢？当攀登者登上峰顶时，一览众山小的那种成就感呢？不管以上这些好处是否可以抵消登山潜在的风险，但应该要考虑到它们。

如今社会上充斥各种各样的反对饮酒、抽烟、高糖食物或者汉堡的活动，但这些活动通常都没有带来太多的影响，因为它们没有考虑到人们抽烟喝酒和吃垃圾食品的背后原因。如果能够认识到有些人喜欢这样做并且试着去解决这个事实，活动可能会更成功。

为了使广大群众更健康更长寿，应对含糖饮料、腌制食物、高脂肪的汉堡以及酒精和烟草征收较重的税。（贫穷的人支付了高额的税费之后发现这丝毫没有帮助他们延长寿命。）

要应用这个谬误很简单，你只需对别人提出的建议会带来的各种可怕结果进行挖苦，对建议带来的好处绝口不提。

在船上放救生衣？想想这个高成本，你原本可以用这些钱来干别的事情！穿上救生衣是如此笨重和愚蠢，有人可能会因此摔跤受伤。万一被救的人是未来的犯罪分子呢？你想为此而内疚吗？

诸如此类。只字不提救生衣能拯救几百人的生命。

3.13 片面评价
情人眼里出西施

我们所考虑的许多决定都有其优点及缺点。片面评价的谬误发生在只考虑到单方面的立场时。决策需要考虑利弊，偏袒某一面，则会让另一面得利。顾及一面只是为了规避对平衡的判断：

我不打算结婚。结婚只会为我带来责任，更不用说失去的自由。想想看，抚养一个孩子长大上大学要花多少心力。然后还有增加的保险费……（如果这是结婚带来的全部东西，那将不会有人结婚了。）

只看光明的一面，也是相同的谬误。

这本百科全书会是你的骄傲，你的朋友会对你钦佩不已，你的孩子将会受惠，你也会从中学到东西。有了它，你人生阅历的书架才会完美。（从另一方面来说，它将花去你很多钱。）

从任何一面来看，片面评价谬误都很坚定，如果只看缺点或只看优点，我们会把真正需要好好衡量的事物排除在外。论证中对相关材料的遗漏，就是片面评价谬误。

如果我们也用同样的篇幅讨论事情的另一个侧面，片面评价的谬误就不能成立。英美文化中有个对抗传统，若双方都提出最有力的证据，冷静的旁观者就会给予公平的判断，因此我们期待律师提出无罪的证据，工会为加薪提出案例，因为我们知道总会有另一方提出反面的意见。如果这个判断只看一方面，就是片面评价了。

我们不要去伊比萨岛[1]吧。想想看那里的高温、烦人的蚊子及拥挤的人群。（另一方面，那美好的阳光、便宜的葡萄酒、好吃的食物以及低廉的物价呢？）

生活中的判断常需要折中，已经在生活中找到平衡及支持的人，容易片面强调事物的积极面以说服别人。粗心的人要谨记，在思忖各项影响因素后，心中那衡量价值的标准会带来不同的判断。

所有的论据都支持新的道路，这代表进步，这代表兴盛，这代表我们这个小镇的未来！（但不幸的是，他们要将你家铲平，去建造那条充满希望的新道路。）

当你想要使用片面评价时，有一个相当睿智的方法能劝说别人同意你的论调：先认同对手相对较弱的论证以制造表面上的让步，紧接着展开你有力的论证，客观叙述并精炼你的论点。

当然，如果我们买了一台大汽车，会需要买新的座套。但想想那方便性！逛街买的东西可以全部丢到后车厢去，我们可以在假日时开出去玩，你可以舒服地接孩子上下学，驾车也可以大大节省我们旅行的时间。（卖出去了！卖给犯此谬误的先生。）

1　Ibiza，西班牙巴利阿里群岛中的一个岛屿。

3.14 驳斥例证
因为举例错误,所以命题不成立

例子通常用于支撑论证,当大家的注意力都放在驳斥例证的真假时,就忘了去查证中心论点的真实性,这样的谬误被称为"驳斥例证"。

"时下青少年的脾气真是非常不好。隔壁家的那个男孩,昨天在街上撞到我,却连一句道歉也没说就离开了。"
"你错了,西蒙已经不再是青少年了。"(这个反驳并没有反对对方的论述,仅对例子做出了反驳。)

当例子可以用来说明与补充论证时,例子不可信的部分并不会影响论证。许多事例能够支持论点,而且也都是实例。

以合理的态度怀疑对方的证据,与一味批评支持论证的例子是有分别的。如果只靠劣质例子来驳斥中心主张,就造成了谬误。

我可以告诉你们,对于狩猎是项残酷行为的指控并不符合事实。在伯克郡[1]狩猎行动报告有关尸体解剖的描述中,我们发现那只狐狸死于自然原因!对残酷的指控仅此而已。(这个论证比那只狐狸还要短命。)

---

1 Berkshire,英国南部一郡。

第三章　22 个关联（省略）的非形式谬误

　　选举中常见到这类谬误。某党派高举一张印有幸福家庭的海报，标语为"选择我们，生活将会更加美满"。他们的对手则耗费了难以想象的时间与努力，把焦点特别放在那张海报上的人物，一一指出他们在现实生活中的婚姻根本不幸福美满。这是因为，人们一旦见到例证遭到反驳，就不会再相信他们了。

　　这种谬误也广泛应用于体育领域。我们为了支持某些笼统的断言，例如"西班牙有最杰出的前锋"，然后举出例子——这似乎是我们对于个人所做的无聊冗长评价的一个线索。对这个论点的讨论，便转移到例证与论点的正反关联性上来，以例证的成败来左右讨论的成败。

　　应用这项谬误，你可以要求对手提供例证，再以极度怀疑的态度，比如质问"例如呢"去回应你的对手，一旦对手响应便攻击这个例证，以显示这个论点不成立。例如，若用某个家庭作为案例来论证公交车司机的收入太低，则这个案例会受到大量质疑，比如这个家庭是否有彩色电视机、这个丈夫花了多少钱在啤酒上等。就算你没有办法破坏这些例子来摧毁其支持的论点，你至少可以将话题延伸至更宽泛的讨论，比如探讨贫穷的原因，而且可以质疑原先的陈述。这就是驳斥例证谬误。

3.15 改变立场
我和你其实是一个意思

人们会运用闪烁其词使论点看起来暧昧不明；或重新定义话语的意义，以示意在言外；第三个防卫的方法则是，完全改变曾坚持的论点，同时不断地宣称它们的一致性。当人们转移说话的本意时，就是在使用改变立场谬误。

我说我喜欢那个计划，而且认为它是个不错的计划。然而，我也持有与你们相同的反对理由，也因此坚定了我一直以来的主张，那就是这个计划还未完善到能让人喜爱。（这个绝望而孤独的男子像是芭蕾舞者一般，优雅地从一端跳到另一端。）

瞒骗是此谬误的根源。当转移立场时，就回避了对原先立场的批评，对原有立场的理解与评论，在新的立场之下毫不成立。同样地，所有的评论也必须对这个新的立场重新开始，因为之前的评论都不是针对这个新立场。

我认为我们这个选举结果应该会很好。例如，我们知道有很多事情可以强化这个政党；当政党回应批评时，也可以获得力量。现在，在民调中我们的支持度下滑了9个百分点，我想……（在每个选举中，这样的论述在赢家以外都可以看到。它就像在说："我不认为一个5∶1的比赛分数可以被视为苏格兰足球队的失败，它只是表示了一个更大挑战的到来……"）

第三章 22个关联（省略）的非形式谬误

政权交替时常伴生改变立场的谬误，这是因为一个不成文的规则——所有的政客都不能对任何事情改变他的看法。如果有所动摇，就表示他承认之前所做的事情都是错的，连带现在也可能是错的。因此，一定要坚持论点没有错误。改变立场或许看起来有点不稳，却是政策连贯性的坚实基础。

在任何事物的存在都可以被称为神圣的宗教论述里，讨论的基础可以在不同的立场上跳来跳去，总是可以用诸如"白胡子男在空中飞"这样的开场白，然后以宇宙间抽象深奥的原理作总结。

改变立场是用来自我保卫的。你不可能用新的立场去说服别人，但可以借此避免被人发现你是错的。就像经过一番奋战后入侵你领地的胜利军，惊讶地发现你竟是在最前头领着队伍冲锋陷阵的那个人。他们还误以为你是防守军的领袖呢！

> 在听过他的观点后，我要说的是，我觉得史密斯先生提出的在我的提案中加入"不"这个字的修正，也是我正要表达的意思。因此，我接受他的修正以改进我的提案。

> 你可以每天对着镜子做肌肉训练，在镜子前快速改变立场。

> 是的，海关人员，我之前走的是不用申报的绿线。我可以解释那瓶多出来的苏格兰威士忌。（有人看出他的双脚正在微微颤抖吗？）

3.16 转移举证责任
你说我不对，证明给我看

转移举证责任是诉诸无知的特殊形式，它是这样构成的：提出无理由的主张，在此基础上，听众若要反驳就必须提出反驳的证据。

正常来说，我们提出新的立场，必须要有支撑的证据或理由。当我们被要求举证以反驳这个论证，对方便犯下了转移举证责任的谬误。

"在聘用老师时，学生的意见应该得到重视。"
"为何要考虑他们呢？"
"给我个理由，为何不应该考虑？"（听起来好像很合理。为公平起见，你应该要求学校的工友、学校餐厅的女服务生及赌场的业者也说说他们的意见。想想吧，他们的意见可能更有用呢。）

提议的本身需要有正当性，而抵制这个提议则不需要。这个谬误的根源来自一个隐含的假定：除非反对得到证明，否则某事就是可以接受的。事实上，想改变现状的人有责任提供理由，证明我们现行的政策及信仰有何不妥，以及为何他的提议比较好。

我相信光明会（Illuminati）的阴谋，即他们已经暗中主导世界长达数百年了。给我证据告诉我事实不是如此。（我们不需要去证明这一切是由看不见的小精灵或住在百慕大三角金字塔里面的外星人在操纵。）

14世纪逻辑学家、圣方济各会修士奥卡姆的威廉（William of

Occam），有句常被简写的座右铭：如无必要，勿增实体[1]。这句话指出，在解释某件事情的时候，若无必要则不应作太多的臆测。世事——诸如人类进化的过程和风云莫测的混沌——常被解释为神的旨意。我们不需要光明会来搅局，如果有人需要光明会的参与，最好提出需要由光明会解释这些现象的证据。

转移举证责任是个普遍的谬误。大众的认知是，"证明给我看这是真的"和"证明给我看这不是真的"这两个立场相同。这是错误的观念：前者所要求的仅止于证明论述所需的证据而已，后者则表明对方意图假设更多的信息。

这个特别的谬误，是支持诸如不明飞行物、超能力、怪力乱神、恶魔和弯曲的汤匙等奇怪东西的支柱。这些现象的拥护者，试着使我们接受虚幻的世界。一旦接受这个虚幻的世界，便有可能变得无穷无尽。要证明某件事物不存在是相当困难的，而且要验证的可能性也是无穷无尽。

如果你意图证明超自然现象，就需要转移举证责任谬误。你可以用婉转的形式美化你的谬误，以取代"你证明它不是"的简单形式，例如：

你可以拿出令人信服的部分证据给我，以反证……（企图让别人提出证据，让你有机会用"驳斥例证"而不需提供任何论证。）

大众对于举证责任的错误认知，可以让你推动许多无法证明的观点，比如支持狮鹫兽、完美的男人或原教旨主义者的和平意图。

---

[1] 亦称作奥卡姆剃刀定理。

3.17 特殊抗辩
我们正在聊天，却被周遭的声音打扰

特殊抗辩包含了双重标准的应用。一般的证据与论证规则适用于其他情况，特殊抗辩谬误却规定了某些例外情况应该特殊对待。这个谬误通常发生在：发言者要求以更不严格的标准去对待他所拥护的主张，而原先的标准则适用于别处。

我们正在谈话，却被周遭聊天的声音打扰。（看看谁在说话。）

特殊抗辩是错误的来源。如果不同的标准套用于特定的情况，我们将需要更多证据而非我们喜欢的方式去判断事情的真实性。一个否定他人说法的标准，同样也会否定我们自己的说法。如果我们获得特别待遇，我们又有何正当性去阻挡其他人的合理性？论证要以一般规则进行，而例外必须合理。

虽然一般的情况下，侵犯他人隐私是错误的，但对记者而言却是合理的，我们是为了公众的需求去做这些事。（就算我们私底下赚了很多钱。）

特殊抗辩有时又被形容为"神职人员的特权"，因为中世纪教会拥有审判神职人员的特权（即使犯了民事罪）。这个"神职人员的特权"——在不同法庭中受审的权力——正是特殊抗辩所寻找的。

当案例在普通法院无法得到很好的结果时，通常会求助于特殊抗

辩。面对观点与证据的冲突，科学家会改变他们的观点。片面辩护者，就像是社会科学家，宁愿改变证据以显示为何一般的标准不适用于他们的特例。许多时候，正是这个原因的至高重要性要求证明特殊标准的正当性。

> 通常我会反对在公共场合随地吐痰，但全球暖化的问题是如此恐怖……（类似的议题还有氟化物的危害、星期天交易与让狗裸体，这都取决于你对这些议题的感觉有多强烈。）

在个人层面上，我们常常严以待人宽以律己，因此在行为上我们倾向于谴责他人，并造出原谅自己的理由。我们可以因为紧急而插队，但其他人不可以；我们的冲动性购物是因为有正当的需要，在其他人身上就叫作败家。为自己辩解的标准，同样也可以用来为我们的团队、团体、城市与国家辩解。

当使用特殊抗辩来解释自己的立场时，你需要注意，你提供似是而非的理由支持一般规则的例外情况，并非仅仅因为你涉入其中，还因为有公众利益的特殊情况要考虑。

> 比起其他男生，我是第一个承认烧掉学校是错误的行为，但麦可极度紧张，就跟一般聪明人一样……（聪明的人会远离纵火，如同远离谋杀一般。）

3.18 稻草人
夸大对手的立场

逻辑学上的稻草人是无法吓到任何人的。有自尊的乌鸦不会朝它挥动羽毛，因为它太容易被击倒了。由于稻草人太容易被击倒，所以当你无法反驳对手的说法时，你可以反过来推倒稻草人。简单来说，稻草人谬误就是要让你的对手无法立足，你创造它的目的就是要击倒对手。

我们应该放宽针对大麻的法律。
"不。任何不对毒品进行限制的社会，都会失去职业伦理，只求当下满足。"（打倒他！这项提案只是有关放宽大麻的政策，但是"不对毒品进行限制"让目标失焦。）

传统上，稻草人的出现，就是刻意夸大对手的立场。因为许多意见在推至极端时都很容易被反驳。如果你的对手不让自己成为极端分子，你可以主动使用稻草人技巧。任何可以被轻松反驳的不实陈述，都可以成为你的傀儡。

稻草人是一个谬误，因为这个谬误没有陈述真实论证。就如同它所属的"混淆论题"群组，它完全落在重点之外。通过化解对手对我们的反驳，稻草人能够引出对其所代表的人物的藐视。

稻草人技巧的爱好者，通常最赞赏那些能把稻草人隐藏在一层肉之下的高手。关键是稻草人不需要特地被创造。当你刻意挑选意见不合者中一个脆弱或荒谬的人，对他而非主角进行反驳时，你就已经跻身于使用稻草人技巧的行家之列。

即使在今日，只要小心翼翼地反驳达尔文，我们还是可以从"驳斥"进化论中得到掌声。现代进化论更加进步，运用了遗传学的知识，但是你仍然可以设立一个达尔文稻草人并击败它，给自己一个进化论已经被"驳斥"了的印象。

这是一个标准的方法：在选举中选择应付对手一方最愚蠢最无知的发言人，如同编造一位被轻视的极端分子。

当民主党阵营的其中一位支持者公开主张一个像苏维埃似的工人会议时，我们要怎么支持民主党？（这真是一大打击！稻草人谬误不成功。这一方阵营的领袖，如同商人一样对政治如此无知，因而成了比捉摸不透的党派领导者更好的稻草人目标。）

历史上，稻草人的角色曾显示出改革的危险。少数提倡更大的自由与宽容的改革者或激进分子，被林立的无政府状态、社会毁灭与屠杀无辜的稻草人军团践踏致死。

使用稻草人谬误是有趣的。许多人都需要一两场胜利来提升士气。如果真实的胜利不可得，那偶尔殴打稻草人也可以获得极大的成就感。在任何可能的情况下，当你的对手说出最后一个和主题有关的字时，除了既有的建议，你还可以明智地建造和破坏属于你自己的稻草人。如果你的对手否定自己的话，你的稻草人会很愚蠢地趴在尘土上。如果你的对手不存在或太过完美，那将没有人会反对皱巴巴躺在你脚边的身影是你面前的对手，而不是急忙编造出来承担责任的干草傀儡。

3.19 证明规则的例外
这只是个例外

反例当然就证明了规则是错的。尽管如此,许多人面对反例时,会驳斥这个反例且宣称此为"证明了规则的例外"。这项谬误在于驳回了对论证有效的反对。

"你永远无法找到关于伦敦以外的任何英国城镇的歌曲。"
"那《斯卡布罗集市》(Scarborough Fair)呢?"
"那是证明规则的例外。"(如果有人把利物浦和旧达勒姆镇[1]排除的话。)

这项谬误在于改变了语言的使用。"证明"这个词,此时是用来指建立毋庸置疑的事物,表示"检验"的意义。事物被"证明"以确立质量,这也正是这项谬误带给我们的意义。例外可以检验规则,如果我们发现这些有效的例外,就应该反驳规则而不是证明规则:

从来没有一个虚构的人物能够像巨星一样吸引他国的粉丝俱乐部。当然,福尔摩斯做到了,但他只是这一规则的例外。(这真是个低级谬误,你说是吧,华生?)

有一种非常含糊不清的方式,能够让一项例外去点出其他道理。如果我们都意识到这个例外值得注意,也能证明的确如此,那么就表示我们接受该规则的确不能像平常那样适用。从这个意义上来看,某个我们意识到的怪念头,能够点出其他真理:

---

[1] 这两个地方都有相关歌曲。

医学之进步，是由于专注研究而产生的，并非出于偶然。我知道盘尼西林，但是大家都知道发现盘尼西林的机会是百万分之一。（不论是真是假，这是个有道理的论证，提供了一个规则，而这个规则并未宣称具备普遍性。每个人都了解这个独特的例外，这样的认知，指出了与这个例外所述的相反规则。）

即使是在这个特别的情况下，这个例外也是驳斥通用规则的。笼统陈述的问题，在于它真的只有一个例外来反驳它们。在中世纪，许多通用规则都让人信服：有人相信太阳每天固定升起与落下，有人不相信会有黑天鹅这种东西。对可看到深夜太阳的极地的一趟造访会让前者错愕不已，而在澳洲发现的黑天鹅则会让后者难以接受。对许多人来说，如果他们能够活在确定的世界中，其中伴随着无数的真理，将会是很愉快的事。"例外"对着惬意的世界呐喊，就像躲在营区周围的狼对着营区咆哮。"例外"带来不确定性和疑虑，使用这个谬误则可以快速摆脱它们，好让我们可以一如往常活下去。

证明规则的例外作为谬误，深受那些强调自己论点的人喜爱。他们将世界整齐地划分为若干个范畴，不让反驳的沙砾闯入他们内心世界观运转顺畅的机器里。在他们运行顺畅的世界中，所有的明星都是毒虫，所有的女性主义者都是同性恋者，而所有的年轻人都是怪胎；上述任何一项范畴的例外，皆被"证明规则的例外"反驳。这个特殊谬误的伟大之处，在于它让你的论证不受事实真相影响。证明你完全错误的、最尴尬的证据也可以被例外证明规则所吞没，只需要雄辩时轻轻停顿一下。

"请借我一点钱，之前我都是提早还给你的。"
"那上周的呢？"
"那是个例外。你知道从长远看来，你会把钱拿回去的。"（还真是长远，要穿上慢跑鞋追了。）

3.20　鸡蛋里挑骨头
避重就轻，转移焦点

鸡蛋里挑骨头的问题，在于没有触及论点的核心。这个谬误以次要及偶然的因素作为基础来反对一个提案，而没有回应主要问题。

我坚决反对城内的新道路，它会让我们的城市地图完全过时。（在非常少见的情况下，新建道路的命运会取决于对原来地图的影响。因此，我们不难发现，有些城市会因为地图的关系而做出这类奇怪的决定。）

这项谬误就如同稻草人一般。比起正视主要的对手，这种情况下只有问题的少数几个方面受到挑战。鸡蛋里挑骨头也有可能是有效的，但问题在于它们微不足道，也不足以推翻目前的论点。这项谬误的发生，并非因为它们是错误的，而在于它们不足以完成所要达成的任务。

我们无法容忍任何事物介入欧洲的土地战争，想想看这对欧洲大陆的保久乳供应会有什么样的影响。（诚信、荣誉与荣耀，有时候是非常微不足道的理由——但保久乳……）

当欧盟组织还被称为欧洲经济共同体时，英国首相曾以"不合乎国家尊严"的理由拒绝加入。鸡蛋里挑骨头，往往会在论证核心难以被反驳时出现。很多时候，这项谬误表现得就像一个实际困难，用来阻挠受欢迎的提案。

虽然禁止车辆进入这条街会严重打击我店里的生意,我还是会同意大多数人的意见,除了一件事:我们这里没有可以制作所需路标的招牌制作者。

要反对民主程序又不致看起来很专制是很困难的。鸡蛋里挑骨头的谬误表达了一个组合方式,这个概念结合了对新想法看似乐于接受的态度与对任何有效做法的敌意。我们可以反对选举,因为有太多文书作业;我们可以反对公投,公投的概念虽好,但需要考虑巨大的成本。

像我们这样的老师,当然会喜欢家长一起参与,可是我们没有足够大的地方举行这样的会议。(赞成这个提案的老师,可能要用废纸箱搭建会议室了。)

当你要以鸡蛋里挑骨头的方式痛击难以反对的想法时,你可以引用高度不切实际的假想情况。

是的,牧师,我也希望常来教堂。但万一星期天早上我出门后房子着火,怎么办?(哎呀,就像这样,会有更多无止境的借口。)

如果你持续坚持你的反对立场,一个个列出这些立场,并表示出立场的有效性,你的听众对其数量之多的印象会比对它们缺乏意义的印象更深。

我也喜欢在火车内设立自动贩卖机以增加选择的想法,但是有八项反对的理由。第一,乘客要如何找到足够的零钱?第二,……(非常好,至少你没提到真正的反对理由,这样可以让人在现有的服务中绕过错误。坚持细节,这就是安全地带。)

89

3.21　未被认可的省略推理
我以为你知道

省略推理是一种论证，其中一个论证阶段仅被单方面承认，但未加以申明。在不同意见的两方同时接受默认的假设时，这是可以的；当陈述的元素未被认可时，我们就进入谬误的领域了。

比尔一定很笨。因为只有很笨的人才会连驾照都考不过。（一般人听到这里应该会拼命点头，如果他后来听到比尔通过了驾照考试，那他就会有点不安。这个论证只有在比尔没有通过驾照考试的情况下才成立。）

这个例子之所以出现谬误，是因为省略了一些重要的元素。如果两方皆同意这项假设，假设虽未申明，也会被视为存在。但是如果这个假设是由听者做出，他就会觉得支持论证的论据比实际提供的更多。我们常会因为觉得这是大家都知道的事情而省略重要的步骤；但是我们应该知道，这里还是可能会有不同于我们的假设的异议出现。

我希望可以尽快将钱偿还银行，史密斯先生。我刚过世的阿姨曾说，她会为生前照顾她的人留下一笔报酬。（那位银行经理对你尚未偿还的债务感到惊讶，但让他更惊讶的是你告诉他你在阿姨在世时有多么漠视她。）

我们在日常生活中常常会使用省略推理以避免费劲的细节提供，因而造成了这个谬误。热切的传教者希望跟你讨论《圣经》，但会因为你告诉他们"我是佛教徒"停止讨论,因为双方都接受佛教徒不讨论《圣经》的既定印象。但是,如果你告诉他"佛教徒决不讨论《圣经》",来访者也会停止讨论,因为这制造了一个明显的假设:你是个佛教徒。(好好确认。当你下个星期天在教堂遇到他的时候,你最好有个非常棒的答案来回应他。)

未被认可的省略推理来自站不住脚的借口。听者会慷慨地修饰未申明的部分来完成论证,而不会让对方感到赤裸裸的羞愧。

> 亲爱的,我很抱歉。忙碌的人总是很容易忘了像周年纪念日这种事情。(这样说还好,只要你的同事还没说出你这两个月除了在打混之外什么事也没做。)

这个谬误很容易上手,也能让你在各种场合避开麻烦。步骤很简单:提出一个一般说法,作为对个别情况的回应。你的听众将会自动假设那消失的前提——一般情况适用于这个特别个案。如果人们认为你确实身处在那些特定的情况下,那么他们会将自己在这些特定情况下的特定反应与你所做的事相联系。这种未被认可的省略推理,会给你极大的优势。

> 是的,我是迟到了。真的不可以再相信公交车和火车了。(确实是,但你只是从街角那头走过来而已。)

你同样能在讨论中,好好地发表对于某个特定人士的一般主张。听众对小道消息和恶意中伤的嗜好会帮助你更容易与他们打成一片。

> 我对史密斯的选择并不开心,没有人会对一个向富孀下手的人感到开心。(也没有人会对未经证实的说法感到开心。)

3.22 难以获得的完美
因为不完美，所以不成立

当论证对一个行为表示赞成还是反对时，请记住你只能从现有的选择中做决定。所有的选项会因为它们的不完美遭受批评，如同现实生活一样。除非其中的一个选项是完美的，否则其他选项的不完美不足以构成反对的立场。当完美的欠缺成为反驳的原因时，难以获得的完美谬误就现形了，因为任何一个选项都无法完美。

我们应该阻止核能时代的降临，因为它永远不可能完全安全。（煤炭、石油及水力发电也一样，每年都会有人在制造或使用过程中死亡，它们都应该被禁止。这个问题的回答，在于核能发电会比这些选择更好还是更坏。）

如果没有一个选项（包括不采取任何行动）是完美的，那不完美就无法构成选择这些选项的原因。如何选择已经变得不重要。如果某个选择因为不完美而受到批评，这对这个选项就是不公平的操作，因为所有的选项都不完美。

我反对去希腊的小岛，因为我们不能保证那里一定会很好玩。（当你找到一个保证好玩的地方时，请告诉我。）

这谬误常被用于拒绝改变现状，虽然现状本身并不完美。

我们一定要禁止那种新的心脏病药上市，因为那种药有时候可能会造成脑神经失调。（看起来没错，但如果每年有 15 000 名患者死于心脏病，而他们可能因为这种新药而获救呢？没有一种现状是完美的。）

电视纪录片和公共事务节目，都是难以获得的完美谬误的范例。任何政府的新提案以及任何政府的不完美都将被详细地分析，例如孱弱的寡妇和贫困的母亲因为新政策而遭受的痛苦会出现在镜头前，给听众留下政府过于草率的感觉。准确地说，对于现状，我们也应该以同样的方法去检视。

这谬误常出没于委员会的会议厅，在那里，每个委员通常都服务了很长一段时间，他们的人生任务，就是阻挡使国家陷入无政府状态以及改变所代表的破坏。这些委员挞伐每个新法案的不完美之处。

我不相信不让车子在公园街上行驶，就可以让老人避免受伤。因为仍然有滑直排轮、骑脚踏车的孩童以及购物推车跟婴儿车呀。（问题不在于"这完美吗"。议题的关键，在于新的提案是否会降低意外，而不是像现在这样减少了在公园出现的老人。）

你可以使用这个谬误的普及版，破坏任何一个你不赞成的提案。如果你肯不辞辛劳地学习下面两个非常聪明的专家版，它也会同时报答你。第一个版本是，以不够深入为由反对某项建议，你揭露出它的不完美，然后建议一些更激烈的必要手段，原来的那个建议将因此遭到拒绝。

原则上我赞成这提案能造福很多人而非基于我个人的决定，但依然有不少尚未谈及的援助和影响。我建议，面对这么大的一块领域，应当采取更为广泛的措施，因此我提议应该要重新讨论这个议案……（这提案从此就再没有看到过。）

你也可以使用第二种版本，请出某些远超过决策者能力之外的事，好让他们知道哪些事情不可以做、哪些事可以做。

校长，对作弊行为严厉处罚是非常好的建议，但无法根除问题。我们必须赢得这些学生的心，并且感化他们才行……（原先的提议，现在已经淹没于逐渐增强的小提琴乐声之中。）

第四章

25 个关联（侵扰）的非形式谬误

4.1 诉诸特例　一竹竿打不死一船人

4.2 以科学术语蒙蔽　专家还是"砖家"

4.3 潮　词　不使用潮词，你就"out"了

4.4 集体犯罪　因为你所属阶层有罪，所以你也有罪

4.5 诉诸富贵　有钱就有理

4.6 情感诉求　煽情的陷阱

……

4.1 诉诸特例
一竹竿打不死一船人

一个特例就是一则故事,而平常的论断就告诉我们平常发生的事。一个与论断对立的特例不是指平常的论断是错误的,只是指在特定事例里发生了不寻常事。通过提供一个相反的例子,它确实证明了归纳不具有普遍性——尽管它们之中很少是它声称的那样。归纳指出的是事物发展的通常(general)情形,而不是事物会如常(always)出现的情形,因此一个与之对立的特例无法驳斥之。

A:我们尽了一切努力,试图通过降低福利制度来鼓励人们工作,因为我们认为这样他们能过上更好的生活。
B:啊,我收到过一封来自纽卡斯尔市[1]一位女士的信件,信中说她的女婿的福利被取消时,他企图杀害她。这不能算是严格意义上的更好的生活吧,哼?

问题的关键在于,这一点应该是无异议的:人如果去上班,可能会过上更好的生活,一个乃至几个特例无法真正驳倒这个普遍性。基本统计数据应该被纳为统计整体而非个案。借助几则个案来反对一个规则的论证,就是犯了诉诸特例的谬误。为了纪念一个英文评论员,这个谬误又可以称作欧文·琼斯[2]谬误。

当你在反对一个看起来可行乃至可能是正确的普遍规则时,很可

---

[1] 英国东北部的一座城市。
[2] 欧文·琼斯(Owen Jones, 1984—),英国专栏作家、评论员。

能会发现一些不适用于它的特例。尽管没有证明对手是错的，你也会削弱他们在读者心中的说服力。或者至少，你的对手现在需要论述为什么你的特例不具有典型性，进而使自己偏离原来的论证轨道。

"巧克力和薯片容易使人发胖，此话不假，但我光是昨天就遇到了三个不适用于这个理论的人。"（幸运的是你不需要逐个指出那三个人的名字。）

4.2 以科学术语蒙蔽
专家还是"砖家"

科学因证明了许多事实而享有盛名。在大众的想象中，穿着白大褂奉献一生的科学家所说的话是知识的源泉而不只是一般的意见。实际上，科学家却利用知识创造出科学怪人，伤害了自己的声望。许多人急着把科学家的权威用在自己的观点上，披上难以理解的术语外衣，为主张赋予正统性。

使用以科学术语蒙蔽谬误，最厉害的手法就是运用专业术语以及可以证实并支持这些论点的客观存在的实验，欺骗无知的听众，让听众相信这就是科学研究的方式。

除了充斥于当前教育和社会风气的成功学，同侪压力也促成了动力不足综合征[1]的发作。（大致上是说，若朋友不工作则张三也不工作。眼下这话可能是真的，也有可能是假的，但很多人因为这段话包装得像专家观点而畏于挑战。）

专业术语的白大褂是如此洁白耀眼（从不曾被任何科学实验玷污），不禁让人对其所提及的优点炫目神迷。听者不是基于支持或反对的证据评估论点，而是被专业术语的光环迷惑住了。这是一个谬误，因为这些不相干的材料在论证中并无太多作用，只是附加了一些话语试图造成情感上的误导，如同那些伪科学术语，尝试为其言论获得不

---

[1] 动力不足综合征（the amotivational syndrome），指因为工作上缺少挑战或动力而出现的身体欠佳或抑郁的状态。

相匹配的敬仰。不论什么样的话语,这个命题都是一样的。以话语的使用来让命题变得更容易接受,是一种谬误。

尽管任何论证皆可使用以科学术语蒙蔽的方式,但很多使用这种谬误的动机,是想借科学之名取得正统性,即使它们并不科学。科学涵盖了一大堆小至原子大至星球的概念,在这些概念中个体差异并不重要。科学家提及"所有"会滚动的物体或其他任何东西,通过实验制定出普遍的规则。但是人类的问题与科学不同,个体差异是很重要的。人不像会滚动的物体那样具有一致性,人类会想做跟别人不一样的事情。尽管这会阻止我们对人类进行科学意义上的诠释,但不会阻止我们"假装我们在做这样的科学诠释"。我们在自己的学说上加上"科学"一词,可能是"经济科学""政治科学"或"社会科学",把科学的外衣覆盖在自己的学说上,并希望没有人可以看出破绽。

正午时段的交通流量表告诉我们,客运单位有不断向市中心区域涌入并且扩大的趋势。(你可以花上许多年来计算用来预测交通流量的一套公式,或许还可以试试能不能得到诺贝尔奖。但是请记得,千万不要提到人们聚集到市中心是要来吃东西或者看电影什么的……)

使用这个谬误的规则之一,就是记得使用非常长的词语。能够用一长串词的,就不要用几个字。术语本身难以掌控,所以订阅专业杂志是一种很好的投资。任何字词的基本功能,就是要避免讨论。它们真正的任务,在于将平庸、琐碎及简单的论调化为深奥、令人钦佩及难以否定的形式。

小型、可驯养的四足肉食性动物,惯于栖息在质地粗糙的编织物的水平表面。(旁边放了盆牛奶。)

以科学术语蒙蔽的谬误,很值得花时间和精神去学习掌握。年复一年的学习将使你不只在社会科学方面得到博士头衔,还能蒙混听众,让他们对你所说的深信不疑。

4.3 潮　词

不使用潮词，你就"out"了

潮词本身不是谬误。它是简单的词语或者短语，常被用来吸引注意力或追赶潮流。当引用的潮词使你的听众或者读者对沟通内容的关注度超过了论据或者事实本身时，谬误就发生了。若某个论点用到了潮词，大家可能会觉得其真实性比实际情况更高，重要性也会相应地比没有使用潮词更强。

潮词来得快，去得也快。我们每个人（哈哈，可能英国《每日电讯报》的读者除外）都喜欢紧跟时代潮流或者期望被看作是个时髦的人，把潮词用起来就可以达到此目的。这很大程度跟用词是否流行有关，跟用词准确与否关系不大。合理使用潮词能赢得大众注意力，并且使听众相信潮词的使用者非常熟悉当代的思想潮流以及十分了解所要表达的内容。

潮词必须基于当下、紧跟时代，否则就不能称为潮词。曾经红极一时的潮词要是不再流行，随即便会进入老旧的"行话"行列，这些"行话"通常会让使用者看上去非常过时。本书还讲到了"诉诸新奇"这个谬误，它跟潮词谬误有一定的相关性。因为潮词是新的，所以应予以尊重。潮词是更大众化的诉诸新奇谬误中的一种特殊情况。

我的计划将改善大众对企业社会责任的看法。（"企业社会责任"这个潮词将会使公司看上去更具有社会关怀精神，藉此能推动公司产品的销量。）

即便"企业社会责任"无疑像蛀虫一般正逐渐朝着有"授权"和"股东"的养老院方向发展,不知深浅的新人还是参与进来准备占领一席之地。

我提议我们把大数据跟公司未来的计划联系在一起。("大数据"这个词很难不成潮词,毕竟大多数人还是希望信息更多更清楚。不管提出的建议是什么,"大数据"这个潮词扩大了建议带来的优势。)

很明显,使用这个谬误需要非常熟悉当下时髦(但是极其空洞)的词汇。与此同时,记住流行词只有有限的保鲜期。因为要让人印象深刻,流行词大量用于报道当中,但是就像明日黄花一样,这些潮词很快会失去新鲜感和吸引力。即便是这本书里使用到的潮词,说不定到这本书出版的时候已经过期了。

你需要一个新词集锦,但除非你出席一个大公司的董事会,否则这可能有点困难。你要多去商人经常光顾的酒吧,跟他们搞好关系,收集一些当下流行词。记住在傍晚早些时候去,趁着这些无聊词汇还容易理解。要是这办法没能成功,别灰心,你可以浏览下机场书架,看看为了吸引顾客再买一本毫无创意的商务书籍,这些书都取了些什么书名,说不准通过这些书名你也能学到些可以增强你论点的潮词呢。

4.4 集体犯罪
因为你所属阶层有罪，所以你也有罪

一般来说，有罪是指个体有罪，而不是连带一个机构或者集体。当一帮人参与强奸或者打劫，我们可以说这些个体都有罪。一个国家的领导人会因为违法犯罪而获罪，跟这个国家没关系。同样的理论适用于一个国家、一个种族或者民族。集体里面某些个体可能有罪，但是因此认为集体也共同有罪就是谬误。

美国应该为曾经实行的奴隶制向非洲道歉并且做出赔偿。

然而当代社会的美国人没有一个人参与过当时的奴役呀。不排除一些市民的祖辈可能参与过，但这毕竟只是极少数。所以，说整个美国因为过去的奴隶制集体有罪是没有道理的。（不过你可以把持续了四年的美国内战以及数十万人的死亡，看成一个还算慷慨的道歉。）

英国通过殖民其他国家来增强自己国力是有罪的，并且英国应该向之前的殖民国提供相应的赔偿。

很多人认为英国之所以成为经济强国，是通过不断创造财富而不是因为从别国进行掠夺。即便有些英国人的确有过掠夺行为，基本上他们也都不在世了。要是你认为当代的英国公民，包括那些后期才移民并定居英国的人都因此有罪的话，这就是谬误。违法犯罪的是个体，不是这个国家。

有一位校长主持一个有关学校小学生用小刀伤人的事故调查。小孩父母到场后，会议开始，一个教育心理专家发言道："校长先生，我们不应该把这看作是孩子的问题，某种程度上这是整个社会的问题，我们都要承担部分责任。"此时校长一边合上手中的书本，一边离开会场，说："别怪到我头上，我没罪！"之后，他再也没允许所谓的教育心理专家进过校门。校长的回答真是经典！当个体被指控集体犯罪时，请果断予以否认。

因为你的对手属于某个道德上有罪的阶层，所以指控他也有罪，即使他本身是无辜的——对个体来讲，这个谬误可以说是信手拈来的。这个方法在英国尤其适用，因为阶级概念已经深入人心。

"中产阶级要为传播庸俗而负责任。他们宁可选择巧克力盒子的外包装却不选择真正具有创新思想的现代艺术。"（即使是古根海姆博物馆[1]的创始人，因为跟他所属阶层是一路货色，也要承担共同的责任。）

---

[1] 古根海姆博物馆是所罗门·R·古根海姆（Solomon R Guggenheim）基金会旗下所有博物馆的总称，创办于1937年，以连锁方式经营，是一个博物馆群。总部设在美国纽约，在西班牙毕尔巴鄂、意大利威尼斯、德国柏林和美国拉斯维加斯拥有四处分馆。

4.5　诉诸富贵
有钱就有理

诉诸富贵认为公正可以用金钱衡量,简单来说,就是"凡是有钱就是对的"。"如果你真是对的,那为何你没有钱呢"就是一个很普遍的例子,但可以用更诗意的方式诠释:真理是贵重的,就看你的口袋够不够深。

有些基督教的分支认为,世俗的成功可以看成是神圣的恩典,而教会也给予这些有雄厚财富与资产的人许多特权。

我发现,那些年收入超过百万元的人会倾向赞同我的看法。(或许是这样。但是他可能会再补充说,右撇子不会赞同他,但身高180厘米的人会,而眼睛是褐色的人则是一半一半——这些人跟有钱人一样合理。)

当然,诉诸富贵的谬误在于财富与论证并没有关系。能够多赚点钱是很好的事,同样,能够做正确的事也是很好的事,但连接这两件事情的中词却是"不周延中词"。

在诉诸富贵的背后,是一个模糊的感觉,认为上帝不允许邪恶者在生活中得到甜头。我们知道,金钱不是万能的,但我们的内心深处会质疑这句话。我们会认为有九成的事情是金钱可以办得到的,剩下来那一成中90%的事情,金钱也办得到,甚至连最后所剩的也可以容忍用金钱来摆平。

当然，对于一个可以在一年内录制 4 首歌曲并赚进 6 000 万元的人来说，他不可能是错的吧？（有可能唷。）

世界上最昂贵的啤酒……（但跟最便宜的比起来，并不会使你更易醉。）

在受到限制及人为干预的情况之下，金钱就是衡量一切的标准。

顾客永远是对的。（这是因为顾客有钱。在美国这是真的；但在英国，店主人可是更占优势，在法国或德国也是如此。）

在给小费的时候，给钱总是对的。

"司机，我要在 10 点前到机场！"
"先生，这出租车可没有长翅膀。"
"这是 1 000 块，如果你可以办得到，就都是你的了。"
"准备起飞。"

"我朋友想知道小马昨晚在哪里？"
"你朋友是谁？"
"这是他的照片。"（挥动纸钞）
"你可以告诉你的朋友，小马昨晚在茉莉的酒吧。"

　　诉诸富贵在某种程度上促进了工业革命的成功。节俭、毅力和辛勤工作的美德造就了财富，世俗的商品是美德的保证书。在一个要看你口袋里的钱多不多才能决定你能否受到尊重的社会，道德的价值或许与经济发展有正向关联。
　　你自己使用这个谬误的最大好处，就是在这里你可以确定说有钱的不只是大爷，还可以想叫谁闭嘴就叫谁闭嘴。

"我说这样做就要这样做，因为我有60%的公司股权。"
（齐声）"你是对的。"

下面这则是诉诸富贵的少年版：

"我说这个进球算，因为足球是我的。"

4.6　情感诉求
煽情的陷阱

如果我们不会受到情感的影响,这个世界将会变成一个奇怪的世界。但是,当情感的影响变成决定论证是否合理的方式时,便跨进了逻辑谬误的范畴里。影响我们行为的情感,不应该影响我们对实际问题的判断力。虽然对被定罪的罪犯表达惋惜可能是适当的,但肯定不是正确的做法,因为我们不可以让这种情感影响对犯罪的判断。

理性与情感具有不同的影响范围,早在柏拉图(Plato)的灵肉之分时就已经存在了。大卫·休谟(David Hume)以简明扼要的方式告诉我们,热情让我们有所作为,而理性则主导这些行动的进程。换句话说,情感激励我们行事,而理性使我们计划该做什么事。

它们可能存在于不同的领域,但是诡辩者和骗子们早就知道情感侵略理性的方式了。情感一旦被激起,便会疾驰,且轻易地清除介于它与理性之间的所有歧见。由情感所产生的许多谬误的名称,可完整地胪列出来。

除了一些很重要或很常见的情感需要被个别处理外,还有一堆杂七杂八的情感,可以在不同的时间运用,使理性的原意受到曲解。粗心的水手被恐惧("诉诸恐惧")、嫉妒("诉诸嫉妒")、仇恨("诉诸仇恨")、迷信("诉诸迷信")和自视甚高("诉诸自豪")的吸引力所迷惑[1],甚至诱使我们偏爱一个安静的时代,呼吁每样事都该平均分配("诉诸节制"),而且会实际地指出情绪比理智更能成为好的指

---

[1] 典故引自《奥德赛》。

导者（"诉诸情感"）。除非有人拒绝这些情感的诱惑，就像《奥德赛》中的水手塞住自己的耳朵以躲避半人半鸟的女海妖塞壬的诱惑，否则很难不受到影响。因此这个谬误历久不衰。

> 那些仍然反对核武军备裁撤的人，应该研究热核爆炸的后果，它能导致远距离之外的眼球融化或人体蒸发。（这种情感诉求的方式，可以通过图片或计算机仿真烧伤，告诉大家热核爆炸的威力不容小觑，以此产生更好的效果。）
>
> 他根本无法解决这个问题，如果可以的话，他早就比我们强了。（对呀，嫉妒并不会影响结果，但诉诸嫉妒可能说服人们不去相信他。）

使用这些谬误的秘诀很简单，你只要不厌其烦地去了解听众的性情，以及使用适当的语言唤起他们的情感。当你努力不懈地运用形象的描述时，你就能够联结实际问题了。只有极少数的听众会突然不理睬你，大多数通常会完全受到你情感上的感召，无论你的诉求是有关恐惧、嫉妒、仇恨、骄傲或迷信，都没有关系。事实上，你还可以选择性地使用它们。当唤起个人对自己的种族、阶级或国家的骄傲，甚至对其他人的嫉妒时，怨恨也可能就此产生。

"诉诸节制"特别值得一提，因为它激发了听众对于按部就班的渴望。当听众想试着秉持理性时，往往易受这个谬误影响。他们把理性和平静的生活视为一体，认为在适当的时候发生的事情更可能是正确的。正如诉诸适度主张在极端之间采取中间路线，诉诸节制呼吁古老处世箴言中的节制之道。你应该利用精湛的技巧激励你的观众，诱惑他们抛弃理性。

> 让我们对这件事情保持理性。（强烈的情感呼吁过上平静的生活。）

情感诉求是一种巧妙的谬误。情感很好用，在其裹挟之下再愚蠢的主张也能吸引聪明的听众。聪明的人因为太过理智，往往怕被认为冷漠。他们不希望暴露情感的缺陷，当演说者表示相信他们也像有点无聊的旁人一样感性、可爱和热情时，他们容易成为演说者得手的猎物。这会让他们产生错觉，以为他们受到欢迎而不是受到冷遇，他们高兴地以放弃理性为代价，当个正常人。

个体很容易进入情感的圈套，尤其在确信他人和自己一样都是和蔼可亲的情况下，会小心翼翼地放弃原本的立场，否则会被视为不合作。群体甚至更容易被情感所牵引。在国际盛会中，能让那群傻瓜忘记理性而专心于彼此相爱的人，很少有不赢得全场掌声的。

"这个世界上大多数的麻烦事，是因为人们想得太多而没有以温暖、人性的方式响应。我们不必理会第三世界专制政权的事实，献出我们的爱吧。"（接着，大家都捧腹大笑。）

4.7 每个小学生都知道
你连个孩子都不如

你会对每个小学生都知道的事情感到惊奇。充满争议的言论急于得到认同时，争论者会郑重保证，他们所说的是每个小学生都知道的真相。听众不希望被认为连这些孩童都不如，于是对他们的疑虑保持沉默。这样，这些复杂和未经质疑的言论就轻松过关了。

每个小学生都知道，封闭的生殖系统中，基因损失的速率可以用一个既简单又众所皆知的程序算出。(事实上，这个主题超过了弹弓游戏［这些才是小学生知道的］。)

这个手法是有谬误的，其主要目的是要在证据之外确保听众的接受度。听众被引导同意他的说辞，并不是因为被说服了，而是因为羞于或害怕被认为比一个小孩还没常识。论点的是非曲直便这样被忽略了。

这样的手法太常使用，以至于倒霉的孩子们脑子里塞满了不少百科全书的知识。很少常识是他们不知道的。

我学识渊博的同事发现，每一个小学生都知道雷克斯（Rex）控诉史旺森（Swanson）的判例，这个 1749 年的判例，规范了公路上车辆喇叭的使用。(而你也可以确定，你那位充满天赋、或许年轻的法律学者，也知道 1807 年希金斯［Higgins］控诉马修斯［Matthews］的判决结果。)

上面提及的小学生对明显的事物有直观的领会，这种能力得到了大家的大力赞赏：

为什么呢？即使对小孩来说也是显而易见的，如果不是宇宙的膨胀，星际尘埃云早就被激发到白热，散发黑体辐射了。（我们不是很清楚单纯的孩子在他们开始上学之前，甚至上了几堂课之后，是否会发现这种明显的事情。）

这个谬误是不实广告常见谬误的特殊情况，包括过度赞美你自己的观点。因为你之前已经知道这些事情对于小学生是显而易见的，所以你是在他们的路上撒下玫瑰花瓣。谬误一开始就以"显而易见"的主张呈现，而这些主张其实并不显而易见。

我们认为这些真理是不言而喻的。（因此，那个不同意的人就是真正的蠢蛋。）

为了有效使用这个谬误，你的论证最好能牵扯到幼儿园里的孩子。一如单纯的孩子和每个小学生一样，你需要一个蠢货——纵然是一个知识渊博者。每个初学者应在你的领导下去指导专家，而为了决定方向，你需要每个人的参与。

"每个人都可以看出……"（即使没有人看出，你也有雪亮的眼睛。）

要让人们接受一个争议点时，你应该把有特别才能的整个整体带入议题：

每个只要读过《以西结书》的小学生都知道，即使是蠢货都能看出古代的灾害是因宇宙混乱所致。一个单纯的孩子都可以发

第四章　25个关联（侵扰）的非形式谬误

现这个太空力量的介入，所以显然地球有好几个世纪受到攻击。现在，即使是不明飞行物研究的初学者都知道太多了……。（在这时，你的小学生及蠢货们应该已经打倒了在场的每个人。）

要小心真的小学生！如果你的听众里有个自作聪明的小学生，他很有可能会挺身而出，顶撞你与事实有所出入的说法。他们有些是很聪明的。

4.8　起源谬误
因为是希特勒说的，所以不成立

起源谬误跟达尔文（Darwin）和孟德尔（Mendel）并没有关联，而与论证的起源息息相关。人们很少相信他们所厌恶的那些人提出的意见，纵使这些意见能够提供相当大的好处。凡是驳斥论证或意见是因为讨厌意见的出处，就犯了起源谬误。这种谬误也被称为"诅咒出身"谬误，它把论证及其来源统统抛弃。

不要一直想着准时的事情，只有墨索里尼才会想要火车准点。（不论墨索里尼对火车的看法是什么，火车要准点这件事没错。坏人，特别是啰唆的坏人，偶尔也会说对一两件正确的事，就像是乱敲打字机的猩猩，偶尔也可能拼出一个对的单词。没错，希特勒重视道路安全而且讨厌癌症。也许就是运气好，墨索里尼在火车这件事情上说对了。）

起源谬误的争论点，在于论证的起源会影响这个意见的有效性。邪恶的人有时候也能给出有用的意见，就像圣人也有犯错的时候。一个意见，不论是好是坏，都不应该受到它的来源的影响。

这个谬误在时尚流行界时常可见。一个当红的受欢迎的人，他的看法会受到重视；相同的看法要是来自一个过气的人，则会被摒弃。

只有私人土地发展商会反对议会所提出的公交车时刻表，他们的意见可以忽略。（为什么？这些私人土地发展商也可能有宝贵的意见。哎，他们也许在地方政治上恶名昭彰。如果这些反对意见来自地球之友，或许就会有更多同情票呢。）

当观点是出自历史上少数几个遭到普遍厌恶的人物时，再也没有其他场合比这更容易出现起源谬误了。将观点与希特勒联结，就已经足够让这个意见遭受唾弃，而他的前辈成吉思汗及匈奴王阿提拉，虽然留下的著作很少，却留下了许多意见。在罕见的情况下这些令人厌恶的名字成了形容词，只要冠上马基雅维利者（Machiavellian）或希特勒追随者这样的称号，就能够使这些意见被正派人推翻。

基因修补是一种法西斯主义，也是希特勒一直尝试在做的事。（事实上，他的确喜欢用他所认为的优良物种繁殖，但不一定与消除特定疾病的基因重组方式相同。从希特勒已知的观点联想来看，育种工业与培育名犬，不就一直这么做吗？还有，大众汽车［Volkswagen］跟高速公路也都做得不错。）

使用起源谬误相当具有破坏力。你需要做的，就是指出你对手的意见是纳粹主义的幽灵，然后再提一下奥古斯都·皮诺切特和萨达姆·侯赛因所做的坏事。另一方面，举出特蕾莎修女和黛安娜王妃的善行以对照恶人的坏……

4.9　揭短的人身攻击
因为道德败坏，所以不成立

如果你无法攻击对方的论证，那就直接攻击你的对手。揭短不是谬误，却被用来破坏对手的论点，并鼓励听众不给对手应得的认同。当你这样做，就是犯下揭短的人身攻击谬误了。

格林博士振振有词地说饮用水加氟没有错，但是他没有告诉我们，他就是十年前那位发表赞同安乐死和杀婴文章的格林医生。（我们没看到这个论证与饮用水加氟有什么好或不好的关联，除非他说氟化物可以更有效地杀死老人和婴儿。）

这个谬误以及与之相关的谬误在于没有按其优劣对待论证。论证的成功或失败应由论点的好坏决定。严格来说，辩论者的品德与论证无关，就算是公关业也不一定总是错的。揭短的人身攻击的发生，是因为我们不愿意假设一个合情合理的说法来自一个坏而愚蠢的人。

现在我来指出罗宾森教授的说法：他赞成合并两个学院。我不想提起教授三年前的旧伤疤——酒驾——可是我们要问问自己……（注意这个仪式性的否定，通常是进行揭短的人身攻击的信号，"我不希望像猫一般阴险，但……喵。"）

这个谬误有多种形式，有些独特到被冠以不同的谬误名称。想有效运用这个谬误需要大胆尝试，以使得遭受攻击的对象看起来的确有可疑之处。使用人身攻击，是一种让论证者的论述受到怀疑的方法。

当律师们在诘问反方证人时，会小心地游走于"建立证人的人格"与揭短的人身攻击之间，使证词受到怀疑。同样地，证人对于被告人格的证词，往往也涉及这个谬误。

政治舞台是谬误如杂草般丛生于其中的沃土，揭短的人身攻击常常是议会质询时的重点之一。

> 我想提醒议会，当我的质询人执政时，通货膨胀率和失业率增加了一倍，工资下降几乎跟物价上涨一样快。他竟贸然问我对矿业的未来有何想法。（这是他在用婉转的形式在表达"无可奉告"吧。）

一些差劲的议会辩论会发生在挤满记者的大门口。只要那里还有阿谀奉承的记者准备把一个普通的揭短的人身攻击吹捧成"一个精彩的反击"，政客们就会乐此不疲地杜撰出诸如"像被死羊撞到"这样的名句。

使用这种谬误时，要记住的原则是：有敌意的材料要尽可能地以一副勉强的态度展示出来。在质疑对手所提出的问题是否值得受到听众严肃的重视后，你的问题便可以解决。

> 我发布这些照片和信件副本的同时，心情感到相当沉重。我问你，这个议会的政策决定，是否会受控于一个与十一岁女孩有不当行为、蔑视道德标准的人？作为议会的一员，我们要坚持神圣职责。（接着请看下文。）

4.10　情境的人身攻击
因为和你有关，所以你不占理

在情境人身攻击中，诉求点是对方的特殊情境。在这个情境中，论证并没有证明证据的真实性，而是以地位和利益引诱人们接受论点。

你不能接受以盈利为目的的合法贷款的正当性。你是个基督徒，基督会从教堂里赶走放贷的人。（这不是一个具有普遍性的论证，对印度教徒或犹太人来说就没太大说服力。听者会因为基督教的信仰而认同这个观点。）

以类似的方式，人们被要求接受某个观点，纯粹只是因为他们身为某个支持此观点政党的成员。发生这个谬误，原因在于把观众持有的特定立场视为普遍可接受的真理。这种战术确实有可能会说服特定的听众，他们不会去确立陈述的正误以及真假。

除非你不在这个大学中占有一席可以得到津贴的位置，否则这个大学的学生会反对用州政府的资金给你津贴。（实际上，学生反对的是州政府的其他资助。）

这个谬误还有一种变形：因为个人的观点仅仅代表特殊情况而驳斥它。这谬误假设一家石油公司的干部对未来能源供应的意见只反映了他的公司利益。但首先，这位经理很可能有不同于公司的个人意见；

其次，就算是站在该公司的一方，也不一定代表这观点是不对的，哪怕这个观点包含了个人利益。这个谬误引入诸如听众的特殊情况这一类不相干事项而肆意放弃可能相关的材料。即使这可以证明为什么对手会有那样的陈述，但不能显示他就是错的。（"身为歌剧爱好者，你会第一个同意我们需要更多的资助以开展更多艺术活动。"）

诉诸特殊情况，发生在面向特殊听众的论证中。美国人的"建立民意"说法，常指将许多的利益团体加在一起的过程，而这些团体会因为他们所属的特殊情况而给予支持。一个肆无忌惮的老油条政客，能够通过满足公务员、工会、社会福利受助者、少数族裔以及性别政治团体的特殊情况而非社会整体利益来建立他的权力。如果涵盖了足够多的特殊情况，该方案的正当或正确与否，就不需要考虑。

这两种情境的人身攻击范例，可当成一种优势。第一种，你应该广泛地运用在包含相当大量的听众情况之中。（"身为工人阶级的成员，你应该欣赏……"）特别有用的是以基督教教会成员的名义。很多人喜欢把自己当作基督徒，虽然他们不喜欢基督教会所施加的严格义务。因此，当你以基督徒名义向他们呼吁时，他们就很难反对你的意见，他们将被迫在不情愿和不满的状况下默许你，这种支持是你用其他方法换不来的。

第二种，就是公开舍弃反对你的专业证据。一个跟某领域有关的专家，他的意见只代表涉及他的一种情况。因此，当城市规划师驳斥了你对城市规划的要求时，当石油公司的专家认为你对能源毫无概念时，当商人爆出你对相关业务的荒唐意见时，你都可以对着每一个案例甜甜地微笑，说："他肯定会这样说，对不对？"

4.11　混淆论题
答非所问

混淆论题是我们已知的谬误中最古老的了，最早由亚里士多德提出。当某人相信自己可以证明一件事，却成功地证明另一件事来代替原先应该要证明的事情时，他就犯了混淆论题谬误。他不只侧身避开了争议，而且还直接跳入了另外一个结论中。

为了再次证明教育的价值，我坚持反对这个让人提早离开学校的措施。（证明教育的价值，并不能作为提早离开学校的反证。要看出个中差异，或许需要更多教育，而不只是到学校上课。）

被证明的论点与争论者寻求证实的论点并不相关，这也是为什么这个谬误又被称为不相干论点的谬误。此谬误假设一个结论可以等同另一个，然而实际上它们却是不同的论点。支持第一个结论的相关论证被省略，而支持不相干结论的论证便反客为主，成了主角。

我的委托人怎么可能策划谋杀案呀？我有他那时候根本不在国内的证据呀。（非常好。但这能代表他不是在出国前就安排好，或是用电话远程遥控的吗？）

混淆论题非常难辨识。这个谬误的力量在于，这个结论虽然是不相干的，却是论证有效的。任何人都会专注于论证的正确性而转移注意力，然后忘了那个不相干的结论。

赌博是个值得从事的职业吗？相信我，我们比别人更加努力。每天除了工作时间外，还花了数小时去研究它。（好吧，确实很认真。但是，这真的值得吗？）

混淆论题虽然简短，但常常能够成功，就像有人被指控曾经做过某件事，被指控者总是能从容地否认他曾经做过其他事。这个谬误，是新闻业及政治圈的核心特性。此谬误的使用几乎有着仪式一样的性质，不管是在摄影棚的灯光下，还是在街上不停闪烁的照相机下，都在生动上演。热切的记者严肃地用一件事指控那伟大的人，而他用同等的严肃态度说另一件事不是他干的。

"部长，你任凭穷人的生活水平实质下降的事情，是不是真的？"
"我们已经做了的事情，是为膝下无子的独立女性增加3.7%的津贴，还有增加3.9%的津贴给有两个孩子的寡妇。这两项措施，已经比我们的对手在执政的一年期之中提出来的福利要好很多了。"

在较为轻松自在的录音室访谈场合，那伟大的部长会更厚颜无耻地有如皇家小号手一般吹响他的混淆论题：

好吧，主持人，这真的不是重点，对吧？我们已经做的是……
（你可以赌这绝对不是重点。）

显而易见地，你可以利用这个谬误来建筑你的防御体系，听众会对你证明自己没有做过的事情印象深刻，注意力将从你做过的事情上移开。你的证据越用心、越注意细节，就会有越少的人真正记得你被指控的事。

你也可以以攻击的身份使用它，证明所有的事情而遗漏了最有关系的那个。当你的主题为是否应该禁止人们参与你所不认同的活动时，你就可以把核能发电、猎杀动物及精制白砂糖等这堆不相干的事扯出来。

应该制止在公众场合的慢跑。有学术研究指出，在公众场合慢跑不但不会降低患病的风险，反而会对健康造成更大的威胁。（即使是真的，这能当成禁止在公共场合慢跑的论证吗？听起来跟慢跑者的健康不相干，反倒是跟说话者的良心有很大的关系。）

4.12 不相干的幽默
对手使我想起个笑话

当使用与主题不相干却诙谐有趣的材料，以转移对论证的注意力时，便犯了不相干的幽默谬误。

对手的立场，使我想起个故事……（这个故事不会使听众想起这个辩论。）

幽默在娱乐大家并且让讨论更加生动有趣的同时，也发挥了分散注意力的作用。这个谬误的目的不在于幽默的使用，而是如何用幽默把听众的注意力从自己身上的是非引开。笑话可能会赢得听众的笑声，但不一定能赢得辩论。

国会议员汤马斯·马赛，提议将圣诞节易名为基督潮（Christ-tide），因为这个节日是天主教的节日，用在新教国家是非常不妥的。他马上遭到反对者的打断，反对者问他是否也愿意被改成叫"汤马斯·马潮"之类的，此草案就在喧嚣中被遗忘了。

在政见发表会上质问起哄的人是这种谬误的最佳典型。他们的鸣叫声伴随着国会选举，用更有趣、更有智慧的理由，掩盖所有合理的论证。如果他们的叫声得到候选人更精彩的响应，甚至有一部分还成为名人嘉言语录中"无名的质问者"。英国政治家劳埃德·乔治（Lloyd George）、丘吉尔（Winston Churchill）及哈洛德·威尔森（Harold

Wilson），都曾经使用过这种声东击西的笑话来回应对手。

问：你了解农业吗？猪有几只脚趾头？
南希·艾丝特[1]：你脱掉你的鞋数数看就知道了。

有个常被引用的不相干的幽默谬误经典，卫博福主教（Bishop Wilberforce）跟赫胥黎（Thomas Huxley）辩论进化论，对进化论心持蔑视的主教问赫胥黎：

你说你是猴子的后代，到底是你的祖父还是祖母是从猴子变来的？（赫胥黎的回答也堪称一绝。他说从猴子演化成人并不可耻，但如果他有一位祖父跟赫胥黎一样聪明睿智、权势显赫，却只会用这些轻浮的话来嘲笑严肃的科学，他宁可要猴子当他的祖父……）

理性论证使用者的问题是，捧腹大笑跟嘲讽一样难以辩驳，听众乐于哈哈大笑多于关心论证是否合理。一个宗教教派的发言人，时常邀请听众提供与他见解不同的《圣经》引文，当听众一如往常地回答时，他总会如此回应：

这听起来就像是基世记（Guinesses）而不是《创世记》（Genesis）。（那位自告奋勇者总是被一阵大笑弄得狼狈不堪。）

策划公众辩论的人，应该背着一个背包，里面装满随时可以使用的、为听众量身定做的笑话。至少，在欢乐的声浪中，你被害人的权威将逐渐消融，而你也有比较多的时间去思考下一步棋该怎么走。

在当下，想适时地使用不相干的幽默，需要智慧和经验的累积。在大学生活中，参加辩论的经验会告诉你如何快速地思考。如果想要

---

[1] Nancy Astor，英国第一位女下议员。

第四章 25个关联（侵扰）的非形式谬误

表现风格，笑话不一定要非常机灵。我曾经听过一个演讲者，为了销售可装载核子武器的飞机给独裁国家，制造出一个完美的有效论点，却被一句指出手推车也会有相同效果的打断给难倒了。

一个大学生在屡犯纪律及品行不良的受谴过程中，严肃地对听众说：

> 我愿意接受谴责，并且一并公布我母亲的名字，她总是说我是个很淘气的男孩。（控方的论证在一片哗然之中瓦解。）

4.13 诉诸草根
穷人就有理

穷人可能是受祝福的,但他们不一定是对的。这个谬误基于穷人一定比富人更正直、更有道德感的观点。诉诸草根的谬误,始于那位可怜的穷人拉撒路(Lazarus)[1],认为论证者的贫穷可以提高论据的价值。

古鲁(Guru)[2]就算是骗人或愚弄人,也得不到什么好处;他除了靠吃那些花生以外,还能靠什么活?(还有他教出来的学生。)

贫穷并不促成论证的正当性,有钱也不能。这谬误将注意力放在描述者身上,而非他所提出的论点上。可能穷人比较少接触到财富的诱惑,但同样地,富人比较少接触到疾病、饥饿及苦差事以及逃离上述灾难的想法。即使我们接受存在避开财富、不为物质所动的人,我们也应该记住得到满足的方法还有许多种。有人告诉我们:"权力让人愉快,绝对的权力则让人绝对的愉快。"

即便我们不是要盘算争论者的情势,诉诸草根也已经深植我们的心中。我们倾向认为穷人犯错和堕落的机会比较少。文学上对他们贫穷的补偿,就是将他们奉为更有智慧、道德更高,甚至更为貌美的人。

她穿着木屐,披着围巾,在人群里特别显眼。(虽然可能就只是营

---

[1] 《圣经》中的一位乞丐。耶稣说拉撒路死后会躺在亚伯拉罕的怀里,财主死后则受着永远的痛苦。
[2] 印度教的导师。

养失调罢了。)

穷人可能会更想要获得真正的教育、健康，并且从艰难的生活中获得喘息，而不是那些远离现实的旁观者幽灵般的浪漫幻想。

精明地认定选民都是穷人的政客，经常使用长串借口，假装自己也很穷以博得尊敬。他的豪华轿车与剪裁得宜的西装，在他换车及换装完毕之后，停放在远处以掩人耳目。那些候选人的同行也都知道这么做，只是可能顾虑到自己没有那些候选人好而有所保留。诉诸草根谬误的号召重点是那些富裕的人，真正的穷人根本没时间去理他们。

关于这部分，我听过的最好的观点，就是一个朴实的樵夫告诉我的。(这位仁兄可能已经聪明到不需要樵夫的观点。)

樵夫，一如历经风霜的农夫，将会有秩序地排成小队来支持你的论证。还要有几个渔夫来当你的前导者，再来一两个聪明的洗衣女工作为后援就更棒了。他们脸上饱经风霜的纹路，反映出内在的平和及对生命的承诺。你提出的论点，当然就是从这里来的。

他沉思般地抽着烟斗，然后用异常冷静的目光看着我。他告诉我，尽管他很穷，但他是诚实的，他一直认为，政府的赤字支出可以通过扩大需求来刺激生产，同样地……（如果他如此真诚，怎么可能是错的呢？）

4.14 圈套语词
修辞也有立场

故意利用带偏见的措辞,可以影响判断的结果。当你使用的字眼,是为了计算能否换来更友善或更有敌意的态度而非呈现未经修饰的事实时,就犯下了圈套语词谬误。

《希特勒传唤军阀!》
《达拉第先生咨询国防部长》
(这两个头条标题告诉我们同一件事:德法两国领袖会见他们的军事头子。在德国称"军阀",但在法国是"国防部长"。德国的领袖简单地被称为"希特勒",没有头衔,并且专横地传唤他的人。反之,达拉第则被称为"先生",并且作为一位优秀的民主人士,所以用"咨询"。)

近义词意思有着微妙的差别,可以左右陈述的态度。这个谬误衍生于态度而非论证事实的部分,试图以不当的方式换取单纯论证无法达到的效果。这附加的"微言大义",与所说的事实或假话都完全不相干。语言有许多方法将我们的态度融入话中以引起其他人的响应。人可能会健忘或疏忽,可能不会被动摇或屈服,他们可能很自信或很自大。很多字眼都很主观,它们的准确性依赖于听者的感觉和他们诠释情景的方式。一个公平的论证,需要有意识地努力以理性中立的方式提出。

英国又被看见拍独裁者的马屁。(或者是与强权维持友好关系。注意

"被看见"暗指他们的非法秘密被发现。）

督导陪审团的法官席，是圈套语词谬误漫步的绝佳乐园。英国法律建立了复杂的监督体系，授予陪审团裁决的权力。许多法官会谨慎地选择用词以帮助审议那些不幸者，填补法律程序的缺口。

我们是相信这个哭哭啼啼、已招认的变态，还是那个有荣耀跟诚信美名的人呢？（如果你想过这问题，这是个改变你心意的好主意。）

一连串的动词变化带出不同的圈套语词，供叙述者使用来描述自己、跟他讲话的人或缺席的第三方，例如："我很坚定，你很顽固，他是个猪脑袋。"

对比赛的描述可以通过不同措辞引导我们的立场，而不是止步于报道事件。

苏格兰队在上半场时偷偷进了一球，但英格兰队努力不懈，在下半场时扳回了一成……（猜猜主播是站在哪一方的？）

除了体育新闻，也适用于政治新闻。

大家都可以辨别工党的贪渎与保守党的承诺。（可以很清楚辨别作者站在哪一边。）

电视上的大众议题节目，对于圈套语词的行家来说是非常有趣的，里面有许多利益冲突。他们抛出材料，与你一同分享他们的偏见。他们的权威需要一些客观与平衡的外衣，当明显的偏见出现时，他们会狡猾地装饰圈套语词来补偿。举例来说，哪一方是"恐怖分子"？哪一方是"自由斗士"？哪些国家是政府？哪些国家是政权？

当你需要说服大家时，会发现圈套语词非常有用，你描述的画面会展现其中一个选项的黯淡前景，然后对照出另一个会产生美好结局的选项。你的听众永远无法知道，你怎么能够如此轻易地翻云覆雨。

你更相信那个受国际敬重、写出严谨文字的专栏作家，还是语无伦次默默无闻的庸碌作者？
你能不被这栋建筑物外那群示威者的声音动摇吗？
我不会被那群暴徒的叫嚣打倒。

当你在描述行为时，记得为你的文字附上态度，好让无知的旁观者也能明显地区分出哪些是审慎的投资，哪些是盲目的花费，哪些是你应得的津贴，哪些是他人肆无忌惮侵吞的公款。你冷静的证词会和他们的丧心病狂形成强烈对比。

4.15　诉诸怜悯
不幸就有理

怜悯是人类的美德，但不会为论证提供最好的基础。当我们用怜悯的情绪取代合理的论述以支持特定主张的时候，我们就犯了诉诸怜悯谬误。

你扪心自问这个人是否应该被判有罪，你扪心自问打入大牢对他意味着什么。这不但剥夺了他的自由，还将他从人类中驱逐。（问题在于他是不是有罪，而不是定罪会对他有什么后果。）

当我们被要求解释事实真相时，我们应该衡量每一方的证据，然后尽可能地获得真相。怜悯的引述无法对论证产生帮助，即使它可能在某种程度上影响我们的行为，也不应该影响我们的判断。各方的论述无论是真话或假话，其后果与真话或假话本身并没有关系。不管那人是被送去监狱，还是去南海度假，都不会改变事实本身。当怜悯成了判断问题对错的手段，诉诸怜悯谬误便发生了。

我们可以让利瓦伊继续担任我们的场地管理员吗？看看我们如果不这么做的话，会产生什么样的后果。在即将来到的圣诞节和大雪纷飞的冬天，他的妻子跟孩子该怎么办呢？我试着换另一种方式想：我们承担得起不雇用利瓦伊的后果吗？（是的，我们可以。当然啰，我们也可能"打算"雇用他，这是两件全然不同的事情。）

且不说在法律上的使用（不自重的辩护律师可能会毫不羞愧地利用这个谬误），诉诸怜悯正伸手探向一切已经有结果的事实的论证。没有人会愿意让个体可能面临的命运影响我们的信念——比如 2+2=4 这类明显的事实；但对于不太明确的事物，我们可能就因为怜悯而做出无罪推定。

爱心和花朵是公众政策不可或缺的。如果没有考虑到对生病的、年长的、虚弱的、眼盲的及行动不便的人将产生什么样的影响，任何一个简单的问题都没有答案。

如果我们觉得外国救助起不了什么作用，也无法提升生活质量，那我们就是在认定那些贫穷国家的人们注定活在卑贱、肮脏及疾病的日子中。（如果外国救助起不了作用，事实注定他们会造成这种结果。或许我们应该要为此做些其他事情。）

我们之所以会诉诸怜悯，是因为在我们的认知中，怜悯对主导我们的所作所为有一席之地。此谬误的重点，就在于它与我们对事实与错误的认知无关。当它从一个领域进入另一个，理由也会跟着改变。

它的魅力难以抗拒，狄更斯的名著《圣诞颂歌》[1]就是一部庞大的诉诸怜悯小说。主角小气鬼史古吉老老实实地生活，却因怜悯呼吁而遭受抨击（跟读者一起）。员工克拉奇是个熟练的书记兼记账员，如果他不满意史古吉提供的条件，随时都可以走人去找符合行情的待遇，但他没有；鬼魂出现，用诉诸怜悯谬误煎熬着他的老板；倒霉的史古吉，在道德上被迫达成与他的经济现实相反的决定。对于这种处置方式，一个更合理的回应可能会是："呸！胡说八道！"

运用诉诸怜悯，你可以开心地让对手坐立难安。听众对于事实和小说之间的区别不感兴趣，所以你可以轻而易举地编造出不同的结论，像维多利亚时代铁石心肠的地主一样。

---

[1] A Christmas Carol，或译作《小气财神》。

第四章　25 个关联（侵扰）的非形式谬误

如果你真的相信要求高薪会让青少年找不到工作，那我能说的就是，当你看到成千上万个贫穷家庭挣扎于寻找生活出路时，你的良知会觉醒。愿上帝怜悯你的灵魂！（即便上帝会原谅，听众也不会放过。面对这种情况时，要马上反过来。那些青少年因为你的对手冷血的论调而找不到工作，他们的痛苦和屈辱，要怎么办？当你的对手使用榴弹炮时，你不可能指望用手枪来获胜吧。）

4.16 井中投毒
除了白痴之外，所有人都同意我

井中投毒最引人注目的特征，就是在对方说出第一个字之前，对方的意见就已经受到了质疑。从最坏的角度来看，此谬误会对任何反对已决定的立场的人作出令人不愉快的批评。当有人自愿当牺牲者站出来反驳那个立场时，只是意味着他该遭受此批评。

除了白痴以外，所有人都知道，花在教育上的经费是不足的。（若某人敢跳出来说，花在教育上的经费是足够的，那他就是向听众表明他就是那个白痴。）

整个讨论是谬误的，因为对议案的接受或反对都是建立在与证据无关的基础上。没有提供证据的主张是一种侮辱，也无法被接受。即便它是真的，也要根据论证的优劣来验证。

从更仔细的角度来看，井中投毒就是揭短的人身攻击的进阶版。优秀的"投毒者"不再通过羞辱论证者以使听众拒绝其论证，而是设法侮辱任何一个想要跟他争论的人。它比简单的辱骂更高明，因为它让受害者主动喝下投了毒的井水来羞辱自己，毁灭自己的立场。

当然，会有一些人因为欠缺考虑，所以喜爱巴士多过于火车。（有些人或许会考虑像价钱、清洁、方便和时间这些因素。然而，在当下承认自己的偏爱，就坦承自己欠缺考虑。）

第四章　25个关联（侵扰）的非形式谬误

从其粗糙简单的形式来看，井中投毒似乎很有趣，而且还可能产生致命一击。有个更微妙的使用出现在所谓"知识社会学"的游戏中。游戏开始，一个玩家声称，每个人的社会和政治观点只是代表了他们的阶级利益。紧接着，他表示基于专业的理由，这样的分析并不适用于他，因为他没有偏见，也很客观。当另一个玩家与他的意见相左时，前者会得意洋洋地表示对手的意见可以被忽略，因为对手只是解释他的阶级利益而已。

教育选择，是中产阶级唯一可以为子女取得优势的工具。（这话没有一点是指向提升竞争标准所发挥的角色或父母在教育子女上所给予的优势。你已经在试图取得优势上被定了罪，其余都被掩盖了。）

要娴熟使用毒井理论应该善用两个要点：毒药不仅要煽动听众嘲笑对手，也要用来阻吓反对你的人。"只有白痴"才会在意，其他人都会一笑置之。一颗好的毒药，必须具备杀伤力，让人手足无措，阻吓对手，让他们心甘情愿地服下。

只有那些在性的问题上不满足的人，才会提倡单一性别的校园。（有任何志愿者要跳出来反驳吗？）

无论何时，当你的论点无法持续地接受检验时，就可以运用井中投毒。当对手与你意见相左而不幸他的论点有效时，井中投毒便能派上用场。恰如其分地下毒会让对手显得愚蠢，以至于人们会忽略他论点的有效性，还会使你看起来十分机智和自信，甚至可能帮你隐瞒错误的事实。

4.17 诉诸群众
煽动群众就有理

诉诸群众，即诉诸大众的态度而不是呈现相关的材料。换言之，它建立在偏见上，利用大家习于接受跟他们持相同偏见的倾向。大众的偏见可能也是不公正的，但发言者单单是以此为诉求，便犯下了诉诸群众的谬误。

在推荐希金巴统（Higginbottom）这件事上，我得说你要是聪明的话，就把钱压在他身上吧。（有几个人会觉得自己笨吗？）

诉诸群众经常与召唤大众画上等号，对集体歇斯底里症来说，煽动热情和偏见比理性讨论来得更确切。群众演说家打造了诉诸群众的事业，斟酌措辞，盘算着如何升高情绪的温度。

你看到我们古老的街道被那些陌生的脸孔占据了吗？（偏见就是排外主义，言外之意是那些"陌生的脸孔"跟我们的大街不搭，但没有提出任何更进一步的论证。）

犯这种谬误者很讨巧，他们玩弄多数人的情绪，而不是建立确切的信念。这不是健全的逻辑，虽然它可能会很成功。可以想象安东尼（Mark Anthony）运用了这个谬误，处罚了暗杀西泽的布鲁特斯（Brutus）和其他刺客，还恢复了西泽的行政体制。安东尼所做的更有效率，他诉诸大众对不忠及忘恩负义的反感，成为大众的恩人，将悲

第四章　25个关联（侵扰）的非形式谬误

愤的群众转化成暴民。

几个世纪以来，诉诸群众的传统坏蛋有地主及谷商。虽然他们在现代社会中只是微不足道的角色，但世人对他们的偏见依旧强烈。我期望你能将对手塑造得像大地主及谷商一般令人讨厌，那么大家都会往你这边靠拢。地主与谷商的消失留下的偏见缺口，现在一部分由神秘的"投机者"来填补。投机者是个模糊的概念，不论是业主还是谷物交易者，都是社会认可的职业，很少有人会在职业栏填上"投机者"的头衔，但难以捉摸的灰暗及阴险特质，还是增强了他们的邪恶形象。

> 我反对设立企业专区，因为这会被狡诈的商人和投机者弄成声名狼藉的红灯区。（你最好还是小心点。有些人可能会喜欢听到这些。）

当你得到年轻人、失败者及草根支持的时候，你要自然灵活地运用诉诸群众策略——反对你言论的人是大老板、金主及坐领优厚退休金的大官。"有钱的银行家"现在已经失去影响力了，因为人们会把他们跟不是全都很有钱的地方银行经理画上等号。当人们感觉你的某些用语存在偏见、不甚妥当时，记得换上适当的代名词。举例来说，少数族裔应该称作"新移民"或"外地人"，即使他们在这个地方待的时间比你长。

> 如果我们允许街角的店铺关门，就表示将小区辛苦赚来的钱都交给了大老板去买豪华轿车。街角的店铺是我们地方的一部分，对街坊邻居来说是非常亲切的存在，是我们从小到大对这个小区重要的记忆！（人们会愿意为保留它做任何事，除了在那边消费之外。）

4.18　演示形式凌驾于内容
你好看你说的都对

　　一个论证或者演示的表现形式不会改变论证本身的内容以及逻辑的有效性，却常常可以左右听众和读者。比起一个平淡乏味的演示，一个有技巧和吸引力的演示可以使听众或者读者更容易接受演讲者所传达的事实。与用来吸引顾客的华丽包装相类似，演示形式凌驾于内容这个谬误在于，演示本身不是内容的一部分，不会给内容增色。

　　就像情境的人身攻击这个谬误会根据听众的特殊兴趣定制相应论据一样，演示形式凌驾于内容谬误可能会在无意间为了迎合大众兴趣或者寻找大众感兴趣的东西而制定相应的演示形式。

　　执行官带到董事会的不是随意的几张纸，而是融合了案例的一本书。事实上这本书可能没有给他的案例添加任何内容，但执行官知道，比起几张薄纸，大众更愿意相信书上的信息。书本的信息更可靠，也更永久。

　　这个谬误在政党的竞选宣言里面十分普遍。宣言的内容总是政党想做的以及他觉得自己能做的，通过讨论小组和民意调查来决定这些政策如何以选民容易接受的方式来呈现。这不仅仅是颜色、排版、字体和图片的问题，还是一些无形的东西，比如一个特别的演示给读者带来的感觉和共鸣。

　　　　我们向英国人民作出的四个承诺已经清晰地印在了咖啡杯上，每天提醒大家我党所作出的坚定许诺。（然而收到的两个杯子已经碎了。）

当然有一个准则去衡量在什么情况下演示方式会优先于内容，在什么情况下专家会尽最大努力去提出议题，使得大众能以一种不受议题价值支配的方式接受。但是这个主题的讨论需要留待下次了。这本书谈论的是逻辑，不是营销。

4.19 红鲱鱼
转移话题

当猎犬试图追踪它们所选择的气味而非狩猎主人所引导的选择时，红鲱鱼便被用来转移猎犬的注意。将鱼绑在线的一头，放置在猎犬追踪的路径上，强烈气味足以使它们受到影响而忘记追踪的路径，猎人便巧妙地利用红鲱鱼牵引猎犬至他所选择的路径上。

在逻辑上，红鲱鱼划过了论证的轨迹，它的味道是如此强烈以至于周遭的参与者都无法抵挡，进而忘记了他们最初的目的。红鲱鱼谬误在于，不论多不相干的题材，都可用来转移人们的注意力，并继续朝向不同的结论前进。

"警察应该制止环保团体的抗议，别再带给我们不便。我们都有缴税。"

"的确，全球衰退比一点点的不方便来得更糟。"（这是很有可能的，但是，那只臭掉的鱼，已经不是我们要追随的目标了。）

红鲱鱼的使用是个谬误，因为它引入了不相干的材料，防止在没有这种材料的情况下得出结论。如果论证因为原因与证据而导向特别的方向，那么以外在的材料去改变这个论证是无效的，不论这些材料有多吸引人。

"先生，请问，那条挂在你口袋外面的钻石项链是怎么回事？"

"咦，你那只狗是不是纯种的德国牧羊犬？"（即使警察忘了那气味，狗不会忘记。）

当红鲱鱼在原来的轨迹上出现得越多时，那气味就会越引人注意，也越容易转移他人的注意力。

"政客们都很爱去推动那些可以为他们带来更多利益的事情。"
"我认为这些流行来得快，去得也快。某一天他们会提倡低酒精啤酒，因为他们认为那就是他们所要求的；但是一到两年后，应该就会换成木桶啤酒。"（这里的吸引力，在于它闻起来有点像原始的轨迹。他们讨论到政客所推动的事务，但在一两个小时后，闲聊者就会被论证灌醉，一如被啤酒灌醉一样。）

在情况恶劣、感受到猎犬们已经十分接近时，可以使用红鲱鱼。处于压力下的政客，会使用诱人的红鲱鱼引开那些狗的注意，即便那些狗正张牙舞爪地扑过来。律师将红鲱鱼撒在陪审团的脚下，好将他们的注意力从狡诈的委托人身上移开。每位有名气的律师都认为自己懂得把线穿过雪茄的把戏，所以，陪审团不是聆听他虚弱论证的细节，而是跟着越积越厚的烟灰屏息观望。在这样的情况下，红鲱鱼就是一种视觉形象，像是业务员的亮丽领带，可以转移顾客对他的劣质产品的注意力。

"你永远记不住我的生日。"
"我有跟你说过，你有一双很漂亮的眼睛吗？"

你不应该在没有一袋红鲱鱼作支撑的情况下试图着手一项薄弱的论证。当你的智慧能量开始消退，你的红鲱鱼会让你有喘息的空间。如果你希望成为专家，应该在了解听众兴趣的基础上选择你的红鲱鱼。每一组红鲱鱼都有他们最独特的芬芳，你应该从中选择你的红鲱鱼。当你丢出你的红鲱鱼时，听众将无法抗拒他们眼中最诱人的香饵。你可以有技巧地引入论者背后的问题，以便在最困难的情况下获得喘息的片刻甚至是喘息的长假。在真正的绝望中，你可以饲养他的宠物猫。

4.20 失控的火车

若只为拯救更多生命，何不限速 0 英里？

一列失控的火车将带你冲向远方，但不幸的是，它不会停下来。换句话说，当火车抵达你的终点站时，你无法下车，只能被迫继续搭乘到更远的地方。当用来支持某个行为过程的论证同时也支持更多的行为过程时，就犯了失控火车谬误。如果你希望在某个点停下来，你需要另一个论证才能做到。

将高速公路限速从每小时 70 英里降低至 60 英里就能拯救生命，这可能是真的，但不足以构成选择时速 60 英里的理由，因为若降低限速至 50 英里、40 英里会拯救更多的人。失控火车最明显的结论就在于，如果只是拯救生命这个目标，那限速 0 英里不就可以救助最多的人吗？

实际上，每个时速限制的提案背后涉及的生命风险，会被拿来跟快速旅行和运输的能力进行衡量。我们很多日常活动具有某种程度的风险，若限制我们的行为，这个风险也将减低。实际上，我们以风险作为代价换回便利与舒适。如果只是为了拯救人命而设下了 60 英里的限速，论述者必须增加停在 60 英里的理由，否则他论证的"失控火车"，将带他到 50 英里、40 英里，直至最后时速 0 英里撞毁在缓冲区。

人们都在争辩，自从英国每个人必须负担国家医疗服务费用后，国家有更正当的理由禁烟，因为吸烟者会患上更多的疾病。或许会有更好的禁烟理由，但因吸烟者产生的费用由他人负担的论证，则是一个失控的火车谬误。为什么要停在那里？同样的论证适用于所有严重影响健康的行为，比如涉入含过量黄油等饱和脂肪或精制白砂糖的饮食。国家应该要求人民多运动以避免因疏于运动而产生的医疗费用。如果这项论证只是针对吸烟，就该阐明为何"火车"只停在吸烟者那里。

当人们登上失控的火车时，他们太过专注于方向而忘了注意距离。他们可以开心地继续他们的旅行，直到他们的遐想被某个大呼"为何停在那里"的人戳破。

> 国家应该要资助歌剧，因为如果没有公共基金的支持，制作费将昂贵无比。（当火车头挺进时，在车站等候的还有醒目的声光音乐会、内战场面以及格斗表演。如果歌剧有所不同，我们需要知道为什么。）

当某人对某件他认为特别的情况进行论证时，常发生这项谬误。如果论证有任何价值，听者会马上质疑为什么它会被限制在这种情况下。要对抗一辆失控的火车，通常在同一条路线中指出一些荒谬的车站便已足够。如果好学校被非难，只因他们给了学生"不公平"的优势，那为何不禁止有钱的父母为子女做同样的事情，譬如买教科书或带他们出国旅游？

为了引人搭上这班失控的列车，你只需要表现出一些多数人喜欢的东西，比如拯救生命、帮助孤儿寡母、拥有更有教养的孩子。利用这些事情本身所具有的支持度来呼应你的提案，协助你达成目的。

在这个谬误的特殊使用中，你需要获得原则的认可以支持合理的目标，只有当目的达到后，才能发现同样的原则也同时支持不合理的目标。

> 你同意在城里设立一间宾戈游戏室，因为人应该有选择赌博的权利。所以基于同一个理由，我建议在每个街角设立游戏机。

4.21 滑 坡
多米诺骨牌的陷阱

滑坡谬误属于棘手的谈判，即使是胆怯的第一步，都能让你滑到底部。没有人爬上过滑坡，他们只能一路滑向灾难。这项谬误，假设在一个特别方向上的一个单独步骤，将不可避免地影响整段过程的进行。在有些案例中，一个步骤会带入另一个步骤，而在其他的案例里则不一定如此。假设在踏入第一步后，后续的步骤可能导致不愉快的后果，这样的假设并不是谬误；但假设这种必然性，通常是一项错误。

比如这个限制类的案例：某人在踏出第一步后命运就注定了，跳下摩天大楼是其中之一。但在多数生活情境中，都可以选择是否要再进一步。然而，那些抗拒前进的人时常使用滑坡论证来暗指任何改革都会无可避免地导致无法接受的结果。

我反对饮酒年龄从 21 岁降到 18 岁。这样会导致进一步要求降低到 16 岁，再来就是 14 岁，接下来我们知道，那些新生宝宝喝的将会是葡萄酒而不是母乳。

重点是那些会导致在 21 岁过度饮酒的因素可能会改变，但却没有指出青少年处于动态成长以及社会会持续响应这些变化。

滑坡谬误主要认为，若你不做过头则无法做任何事。它违背了人类的进步，这种进步通常通过成功采取简单步骤获得，绕远路可能会坏事。

如果我们接受法国人的饮食风俗的影响，很快我们将吃不到除了蜗牛与大蒜外的东西，并且还要教导我们的小孩唱马赛曲[1]。（虽然可能还会打败披萨跟薯片。）

在某些情况下，原则有濒临危险的一点：一旦让步，任何事都会发生。不只是滑坡，更像是垂直下坠。有一个故事是戏剧家萧伯纳与一位美女在晚宴中对话：

"你会为了一百万英镑跟我共眠吗？"
"为什么不呢，我会。"
"那这里有五英镑。"
"五英镑！你以为我是什么人？"
"我们已经同意交易了，现在开始谈价钱。"（萧伯纳是对的，但这不是一个会让小姐变得不道德的滑坡论证。一旦同意了原则，剩下的就是讨价还价。）

在滑坡谬误中，毁灭会阶段性地到来。这项谬误，引入了由进一步行动带来的不相干材料，以反对已受限的提案。

当你使用这项谬误来反对改变时，记得，任何提案如果太过头都有可能导致灾难的发生。他们想对进入教会市集的人收费，但是你点出若他们的提案被采取，明年的收费将更高，之后又会再高，直到穷人无法负担。这项谬误对于悲观者会更有效，只要保证他们如果做了那些事而坏事情就会发生，他们总是愿意去相信事情会变得更坏。

---

[1] 法国国歌。

4.22 你也一样

五十步笑百步

当某人宣称论证的倡议者自己也犯下他欲指控他人的罪，企图削弱对方的论证时，便犯了"你也一样"的谬误。由倡议者所制造的断言转变为针对他自己。（你控告我滥用职权，但你也开着公司的车在赛车道上奔驰呀！）

更微妙一点，你可以通过"你也一样"抹黑指控者，将指控化于无形。

我注意到格林女士的控诉，指责我在有关公司的个人利益问题上存心误导社会。让我提醒你，这样的指控，与她女婿从我们的土地盈余中受益却一直保持沉默的，都出自同一位格林太太。你必须承认，她几乎没有资格作出这样的指控。（我判他过关了。）

"你也一样"谬误发生的原因，在于它不试图处理讨论中的主题，而是引入一则新的主题，也就是参与人过去的经历。主张的正确或错误无关个人背景，反对或支持这项主张的证据不会因个人之前的行为改变。

还有一种"你也一样"的版本：指出提案人之前的观点与现在观点的不一致，以破坏他的说法。

为什么我们要去听布朗对于新停车场的提案？去年他可是完全反对这个想法的。（就这个例子而言，如果这个论证能改变他的主意，也许值得一听。另一个理由是或许车子变多了。）

并不能以某人曾反对一个意见为理由来否认他们的论证是个好意见。尽管如此，这个谬误会被我们当作强大的支撑，以显示我们的连贯性。今年的新任市长发觉，他很难真诚地讨论是否选择前任市长所用的同一款座车的事情，因为他曾经批评过这款车。

国会质询是"你也一样"谬误的老巢。其实，处理问题的技巧，往往要看表演者对这类谬误使用的灵活性，这就是为什么回答关于现在或未来的问题时，总是从这句话开始：

容我提醒我尊敬的同事们……（当然，他在提醒相反的一面：他们做得太不当、时间太长、太钻牛角尖、太高调及做得太糟糕。这就是为什么他们煞有介事的指控会被驳回。）

质询在议会中往往是所谓的先决问题（PQ，Parliamentary Question）。因而对他们的回答则是所谓的"你也一样"（TQ，Tu Quoque）。

"你也一样"谬误很好用，因为每个人总有些时候是不一致的，几乎没有人拥有无可指责的过去。你可以辩说，每个改变想法的人想必有些时候是错的，而这次他可能就是错的。如果你找不到对手的任何缺点，也可以用这个事实来削弱他的说法：我们都有缺点，他怎么没有？

对于那些说我偶尔能让自己逃脱困境的指控，我能说的就是请你看看那些"高傲且自认比别人圣洁"的人。（他可能比你圣洁许多。）

4.23 诉诸权威
跨领域的权威

这个谬误诉诸不当的权威。引用某个相关领域的专业人士辅助证明是正确的，但是，如果将某一个领域的专家借到其他领域来辅助则是错误的。除非他拥有特殊专长，否则他就是不当的权威。

数以百计的著名科学家否认进化论。（仔细检视，会发现只有少数、甚至完全没有一位科学家的专业知识属于进化生物学。）

知识是专业的，而我们在某种程度上需要接受权威的观点。人们总是不大愿意去挑战那些看起来比一般人更专业的人的观点。当对某个立场的支持来自某个看似专业而实际并不专业的人士时，便犯了诉诸权威谬误。

这个谬误在于，引用的材料与讨论的宏旨无关。我们没有理由认为有资格的人士提出的意见会比我们的意见更有价值。试图使我们的意见屈从于假权威，是在消费我们对于地位与成就的敬意，并企图回避论证与证据。

明星的气味。（既然只有少数人有这个运气能够闻到这些明星的气味，他们对这标题的看法，想必比我们身边的平凡人更无趣。）

诉诸权威谬误主导了广告界。那些因为成就非凡而被认为值得敬佩的人降临到凡间给我们柴米油盐上的忠告，那些善于表演的人总是热情地为我们提供关于速溶咖啡与狗食的丰富经验，奥斯卡电影奖项得主已经被公认获得为世界贫穷问题及美国外交政策等发言的资格。

我们可以认同，眼前这位年轻人赢得温布尔登网球赛后，有望成为网球拍权威，但他怎能又当上刮胡刀的权威呢？（而且天知道他上次刮胡子是多久以前！）同样，我们常见到一些著名的面孔，正在吃着酸奶或购买人寿保险。那些在广播或电视中获得成就的主持人，总是热心地与我们分享他们在洗衣粉或者奶粉上的专业细节。

诉诸权威的另一种版本，是诉诸未经验证的权威——虽然他们都在正确的领域。在我们的生活中，时常会听到像"知名科学家""顶尖名犬繁殖家""挑剔的妈妈"等的各种意见。因为我们不知道他们究竟是谁，我们能做的只有接受他们所展示的权威。我们不曾听到平庸科学家、低劣的育种专家或冷漠的妈妈的意见。

还有一种视觉的诉诸权威，例如运动队伍将赞助商的名字或口号穿在身上，即使这个品牌跟运动无关。

> 赢得世界滑雪锦标赛，让我觉得好渴。那就是为什么……（逻辑就如同他所卖的东西一样泡沫化。）

如果你想运用诉诸权威，你可以直接利用那种认为杰出人士关怀广泛、有同情心的渴望。不论动机多么薄弱，你都能够找到一连串响亮的名字，作为你体面的拥护者。不论他们获得名声的身份是演员、作家还是歌星，他们的权威都能让你沾光。

> 除非斗牛被禁止，不然我们要求禁止进口西班牙的商品，支持我们的有国际知名科学家、顶尖学者、沟通领域的领导人物与艺术家。（他们应该要知道，我们还有军事专家、鲸鱼专家和风车专家呢。）

4.24 我们必须要做点什么
方向不对，努力白费

人们总是喜欢纠错以让世界变得更好。这种值得称颂的态度给我们带来了吸尘器和洗衣机，使我们从烦琐的家务事之中解脱出来。但要想干出一番事业，我们普通人能做的似乎很少。

A：为了抗议中非内战，我们在伦敦中部有个一万人的游行示威。
B：但是伦敦的抗议对中非的战争有什么影响呢？
A：额，但我们总得干点什么。
（为什么不试着单脚站立然后原地上下跳呢？这跟伦敦的示威游行效果是一样的，而且比起游行这容易组织多了。）

人们用"我们必须要做点什么"这个观点来证明各种无效的游行、罢工、贸易禁令是正当的，并且拒绝穿戴动物皮毛制成的衣物。当人们觉得应该要做点什么的时候，无论所做的带来的影响多么微小，他们的行为更多地实现的是自我感动而不是改变现状。这个谬误认为做一些无效的事总好过什么都不做。不是这样的。要是这个行为本身无效，这跟弃之不理没什么两样，何况这个事情还不容易做。

A：我戴了一个手环来反对南亚的包办婚姻。
B：这么做有什么影响呢？

C：我得做些什么。

（为了反对奴役制，英国政治家威廉·威伯福斯所做的可远不止戴一个手环。）

你可以用"我得做点什么"来要求你自己，证明你随手做的行为可以跟一些有意义的事业联系在一起。不必担心这个联系过于微小，其实多数情况就是这么微小。只要你表现得足够认真和关切，人们不会介意你的行为是否有效。

4.25 一厢情愿
因为我愿意，所以它成立

很多人很高兴地埋首于一厢情愿，但当我们以一厢情愿取代论证，便成了谬误。如果我们接受一个提案，只因为我们希望它能成真，而不是因为有论证或证据的支持，我们便掉进了谬误。同样地，如果我们反对某件事只是因为我们不希望它成真，我们也犯了一厢情愿谬误。

在这种糟糕的天气中上班，对任何人都没有好处。我想我会请个假，并且继续赖在床上。（有些时候，每个人都能感受到这项论证的力量。不幸的是，或许有许多支持或反对上班的理由，然而这里不想上班的理由除了对自己有用之外，对别人来说是一点说服力也没有。）

我们的期望，很少直接与问题的真假有关。当我们将自己的期望引入对利弊的讨论中，便犯了谬误。假设这个世界能如我们所愿，这是一种好的唯我主义（solipsism），却是一个坏的逻辑。

环保议题谈判当然会成功，否则就意味着人类快要灭绝了。（我们希望谈判会成功，不代表谈判就会成功。如果说人类就要灭绝了，你也该充满希望地打包行李。）

一厢情愿，常常会影响我们对自己无力改变的结局的想法。

他不能死，我们不能没有他。（他可以，他们也可以。）

死亡这个主题，特别容易陷入一厢情愿谬误。虽然我们的期望难以赋予假想以有效的理由，但死亡的突然与不可承受的本质，却因这个谬误而得到舒缓。博斯韦尔在休姆过世前，曾经问他有关来世的问题：

难道有可能再见到我们的朋友，不好吗？（他提到休姆最近去世的三个朋友，但是后者坚决否定这个谬误。"他说能再次相见当然是好的，"博斯韦尔报告说，"但他补充说，他们没有一个怀抱如此荒唐的想法。"）

时间和死亡一样，是一块期待与希望可以取代能力产生影响的领域。

不可能已经是星期五了！我还没准备好功课应付这个考试啊。（时间弄错了，考试结果没错。）

所有一厢情愿的问题在于，如果你想要一件事情而宇宙的规律主宰另一件事情时，就会发生无法解决的、与你的期待不相容的利益冲突。这是真的，你也应该花时间努力研究如何解决这个问题，而不是期待会有奇迹发生。

银行会让我们透支，不然我们无法生存。（银行经理对你的生存没有兴趣。他们只关心两件事情：帮银行赚钱，榨取穷人的血汗。）

大多数人已经相当娴熟地使用一厢情愿谬误来说服自己。当使用这个谬误来说服别人时，记住必须投他们所好，而不是你自己的。

生意会成功的，你会从投资中取得巨额回馈。（这句话的影响力比"生意会成功，我的人生会富有"还要大。）

第五章

23 个关联（假定）的非形式谬误

5.1 滥用类比　升级版人身攻击

5.2 偶　然　这一定不是例外

5.3 类推谬误　美好的比喻就有理

5.4 厚古薄今　古老的就是对的

5.5 先验论　我意已决，你别说了

5.6 二分法　如果你不支持我，你就是反对我

……

5.1 滥用类比
升级版人身攻击

滥用类比谬误，是人身攻击的高级版。这谬误不直接侮辱争辩者，而是勾勒出轻蔑或不光彩的比喻，并算计对方将其带入。将某些事物与对手或对手的行为进行比较，听者在两相对照之下会做出不利于对手的反应。

史密斯提议我们应该参加帆船假期，虽然他对船只的了解跟亚美尼亚的乐队指挥一样少。（或许参加帆船假期用不着了解那么多，而且史密斯还是可以学的。重点在于，故意利用比较让史密斯显得滑稽可笑。说不定会有几个亚美尼亚的乐队指挥是水平很高的航海员呢！）

从比较的观点来看，类比可能是有效的，这使得结论更加有力，但是造成的谬误还是不少，因为比喻的目的在于引入多余又不容争辩的材料来影响判断。

如果科学接受不确定性，那么科学家所知道的关于宇宙的确定知识（certain knowledge），将不会比丛林中奔跑的霍屯督人[1]更多。（这是对的，但是却被蓄意地滥用，为的是要让听者更加赞同确定知识的可能性。）

这个谬误是很微妙的一种，因为它凭借听者对呈现出来的画面所

---

1 Hottentot，非洲的一支土著。

产生的联想。犯此谬误者不需要说出任何不实的事，他可以借助听者的联想进行填补。滥用类比是一种谬误，因为它靠无关的材料来影响论证。

在祝贺我朋友得到新工作的同时，让我先指出，他的工作经验并不会比第一天上学就哭哭啼啼的孩子多。（又是对的。但看清楚是谁在哭哭啼啼呢！）

当政客沉浸在辱骂和类比中时，他们会惊讶地发现，滥用类比谬误非常好用。一次好的应用，应该在比喻之中放入事实，引起联想以激发更多的应用。所有事物都可以类比，使用不实的比喻，会比高明地使用事实更有攻击性，甚至可以达到极致境界。正如爱尔兰独立运动领袖欧康诺（Daniel O'Connell）曾对英国首相罗伯特·皮尔爵士（Sir Robert Peel）说：

……微笑像放在棺材上的银盘。（对，有表面的闪光，但又让我们想到藏在背后冰冷的事。）

文学及戏剧的批评，像装着毒液的笔，比滥用类比更能够沁入人心。

他紧张地在台上走来走去，像个在闺房中等待苏丹的处女。（初夜之后就死了。）

滥用类比需要组合设计。如果你没有准备妥当，只会引出一堆乏味与无新意的比喻。把你的对手形容为"拘泥死板的女教师""低俗的脱衣舞俱乐部老板"，并不会让你看起来比较脱俗。换句话说，一个精心设计的滥用类比，应该要尽可能地揶揄你的对手："演说就像德州长角牛一样，这边一点，那边一点，而中间一大堆。"

5.2 偶 然
这一定不是例外

偶然谬误认为,将一个反常特性作为证明以拒斥常规是合理的。问题中的特性可能是"偶然"的,跟争论的事情毫无关系,也非常容易被当成异乎寻常但可以接受的例外。

我们应该拒绝"有借有还"这个想法。假使有人借给你武器,然后他发狂了怎么办?不可能把武器交还给疯子吧?(这个谬误曾被柏拉图使用过。发狂是个"偶然",是与中心议题不相关的异常情况,需要视作特殊状况加以考虑。)

对每个概括性推论,几乎都可以找到一个不适用的"偶然"状况作为反对的理由。大部分关于某些行为后果的陈述,都可以因为后果没涉及该状况而被推翻,比如在后果发生前,坏人就被陨石击中。如果维持这样的陈述,便犯下了偶然谬误。

将一般陈述当成无条件的普适原则而不允许例外,这是个谬误,因为它赋予这个陈述不该有的严格意义。我们大部分的概括性推论都附带所有事物都要一致的隐含条件,如果有的事物不一致,比如发狂的情况或陨石撞击,在没有推翻一般情况的状况下,这些例外是被允许的。

"你说你没见过这个间谍。你能确定他没有在人潮涌动的足球场出现过?"

"嗯，不能。"

"在那个时候，你们之间曾交换过什么样的文件？"（如果我曾见过他，那就是偶然。）

追求普遍性的人容易遭遇偶然谬误。如果你试图对"事实""正义"和"意义"建立滴水不漏的定义，那么无须惊讶于他人将多么努力地用莫名其妙的偶然谬误来穿透你的密封圈。

柏拉图在寻找正义；约翰·斯图尔特·穆勒（John Stuart Mill）试图证明会对他人造成伤害或严重伤害风险的地方之外的自由，却发现他永远遭遇反对：这些反对都是以"但在这样的情况下"为起首的论点。这是一种职业伤害。如果你要避免偶然性，就要避免普遍性。

我们没有办法永远信守承诺。假设你跟一个经营国际间谍组织的奥地利伯爵搁浅在孤岛上，又假设那里的食物只够一个人，而你答应了要给他……（这个耸人听闻的故事唯一的惊人特点是，任何人都应该假设这种异常情况，使普遍性规则无法被接受。）

偶然谬误著名的例子中，还有一则小学生笑话：

你昨天买什么今天就吃什么。你昨天买生肉，所以你今天吃生肉。（概括性推论一般由实体得来，不管其"偶然"条件。）

偶然谬误对无政府主义者来说很合适，因为它看起来可以推翻一般规则。当他们声称你打破了规则，偶然谬误可以发掘你想象力中最疯狂的部分。如果规则在这种情况下不适用，为什么适用在你身上？（"我们都同意烧了税务机关，如果只有这样才能释放被困在地窖里的孤儿寡母。所以，我所做的并非'天生'是错的……"）

5.3 类推谬误
美好的比喻就有理

类推谬误假设几件事情在某一方面相似的话,则它们在其他方面也相似。这个谬误在已知的基础上比较,并假设未知的部分也类似。

政体,如同身体一样,有清晰的头脑时表现最棒!这就是为什么独裁政府更有效率的原因。(这个错误的模拟,忘了将国家与人体器官如肝脏、胰脏或排出废物的器官相比拟。)

类推对于传达信息非常有效,它让我们得以在听者的经验下讲述一个新概念。当我们在已经确认的事物基础上进一步假设未来事物的相似性时,类推谬误就产生了。

小宝贝们就像天气般阴晴不定。(他们也湿答答,还常胀气。)

这是个谬误,因为类比是沟通的工具,而不是知识的来源。比喻或许能为我们提供质问的线索,但无法作为建立新发现的基础。

她有着百万美钞般的皮肤。(又绿又皱巴巴吗?)

类推谬误大量地出现在历史解释中。为了让历史具有某些意义,各式各样的比较都出现了。过去的文明有一些共通点:它们都是过去式的,曾经是文明,在成为文明之前不是文明。这三个完全平淡无奇的事实,被许多史学家引入"生命周期"的类比。"不是活的,活的,不再活着的"的简单顺序很容易与具有生命的有机体类比。在我们准备好防御之前,我们与文明一起"绽放"和"开花",随即一起进入"枯萎和死亡"。

> 由于我们的文化成熟,很自然地就该像任何有机体散播种子一样,在遥远的地方播种繁殖。(这是一个殖民主义的论证,在它萌芽时就应该被消灭。)

事实上,文明不是花朵,如果你掉入类推理陷阱,你很快会发现它们能从土壤中得到力量,并且逐一绽放。

在休谟的《自然宗教对话录》(*Dialogues Concerning Natural Religion*)里,热诚的克瑞安提斯(Cleanthes)将宇宙比作精巧的钟表。而且,正如我们可以由钟表的存在推论出钟表匠的存在,从宇宙可以推论出……但持怀疑论的斐罗(Philo),指出宇宙对他而言更像包心菜,随即扼杀了这个论证。

当类推谬误用来针对第一个提出类比的人时,会产生毁灭性的效果。大家都使用各式各样的类比,你要做的是,抓住对手使用的类比并朝着有利于你的论证线索前进。运气好的话,你的对手将被迫承认他自己的类推不当,在听众面前失分。

> "正如我们新委员会提出的航程,我谨此表示希望我们可以齐心协力、一帆风顺。"
> "主席是正确的。但请记得,划桨手通常是被铁链锁住、被鞭打的。如果船舶沉没,他们将跟着一起沉没。"

更有甚者,你可以将任何组织与家庭比拟。家庭生活唤起愉快的时光,这个类推能帮助你练习论证几乎所有的事情,包括发零用钱给家庭成员,以及让顽皮的孩子不吃晚餐就上床睡觉。

5.4 厚古薄今
古老的就是对的

政治哲学的学生能认出埃德蒙·伯克（Edmund Burke）论证核心思想中的厚古薄今谬误。简单来说，这个谬误主张某些东西是好的或正确的，只因为其年代久远。

这是一直以来的处理方式，而我们也会继续按照这样的方式进行。（这方法之前就带来穷途末路，而之后也会……）

这年头，没有一种信念或主张可以独立地证实自己的正确性。从最简单的方面来看，厚古薄今就是一种吝于思考的习惯，它展示了完成事情的方式，这种方式无须经过困难的决策。其最高层次是一种哲学：前车之鉴，后事之师。这个谬误，通过延续性的说法与我们对熟知事物的预期得以美化。

虽然一个信仰的年代[1]可作为经验的证明，但它不能作为真理的证明。将古老的与好的画上等号，是走入谬误领域的大胆做法。毕竟，人类的演进是用较好的来代替较老的。有时候，人类会用特别的方式或特定的信念，走过上千年的岁月。但不能因为如此，就将错的事情说成是对的。

你不可以有车！我从来没有一辆车，我爸也从来没有过，我爸

---

1 指中世纪。

的爸爸更从来没有过。（这就是他们都没出过门的原因吧。）

保守党是厚古薄今的大本营。他们竖起古老的大旗，并发誓保卫它。古老的价值观便是正确的，爱国主义、富国强民、纪律——你自己来命名，只要命名够老，那么它就是好的。

商业世界对此谬误的流行相当敏感，并会跟着调整策略。有个叫伍德拜因（Woodbine）的英国香烟牌子，市场占有率很大，但很怕牌子形象过时，又不想打破消费者对传统的偏好。一份叫《震撼》（Astounding）的科幻小说杂志，担心杂志名称太老派会阻碍发展。在这两个案例中，他们的决策是逐步采取行动。数周之后，香烟低调地改变了包装设计，杂志也改了名称。《震撼》改成《玩家志》（Analog），但伍德拜因牌香烟似乎消失得不留痕迹，或许瘾君子比科幻杂志的读者还保守吧？

想有技巧地使用厚古薄今谬误，需要对中国非常了解才行。原因很简单，中国文明久远、幅员广阔，历史上几乎什么样的事情都发生过。你的才学可以让你旁征博引，指出你所拥护的观点来自受到尊敬的中国传统，它带来了千百年的和平和安宁。

我们制作家具最好的方法，就是用老方法。（还有那些让人不舒服的特色，也都保留下来了。）

5.5 先验论

我意已决，你别说了

通常我们会用事实来检验我们的原则。我们看到了事实后，可以保留或修改我们的原则。但若从一开始便（先验地）假设原则是成立的，并当作接受或拒绝事实的基础，这样的做法就是本末倒置，犯了先验论谬误。

我们不需要透过你的望远镜去看，伽利略先生。我们知道不会超过 7 个天体。（真是目光短浅。）

事实和原则之间的关系是复杂的，我们需要某种原则，否则就没有什么东西可以摆在事实的前面。这个谬误，却给予原则过于重要的地位，而且不允许对它进行修改。它作出一个不受证据支持的无根据推定，并摈斥与情况有关的证据。

所有的医生都为自己谋求利益。如果你真的将所有时间无偿奉献给工作，那我认为这里面一定有不为人知的利益。（我们还知道这个隐藏得不好的谬误。）

先验推理广泛应用于与事实不相关的信念。谬误像短毛刷，将凌乱的事实扫到成见的地毯之下。对于决心在真实世界的尘埃中保持心房干净的人，这是必备的家庭用品。将传说中的"我心意已决，别再用事实蒙蔽我"（My mind is made up, don't confuse me with facts）镌刻在心中吧。

一个专利药物宣称病情的好转是其药效在起作用，而病情无法改善是因为剂量不足，我们或许不会觉得惊讶。我们可以不论其结果，指出一些事实来支持这个药物。我们每天都能看到相同的宣传——对海外贫穷国家的援助：如果有所发展，那表示援助有效；如果毫无进展，那我们必须提供更多援助。这个方法赢了，而逻辑输了。

先验论谬误，也可以用来支持无视证据的先入为主的判断。如果我们支持的政治人物在考试中作弊被逮到，或跟实习生发生不光彩的事，那么这些都属于改善人格的情况。这些事锻造他、测试他，使他成为适宜的公职候选人。当然，如果是其他人，他们会取消这些人的公职资格。

既然西藏没有猫，那么这种有猫耳、猫尾、猫毛与猫须的动物的出现，表明西藏的狗是非常厉害的演员。（不只如此，它们还可以抓老鼠和从盘子里喝牛奶呢。）

借助先验论来摒除不可收拾的虚假之事，通常无利可图。毕竟你的听者可能已经见识过了，但是你重新诠释这些事实，揭示这些事实并非像它们看起来那样，听众反而真的会支持你的矛盾论点。

我仍然认为我所推荐的书是受欢迎的。当然，我并不否认这些书是图书馆中借阅率最低的，但我认为这是这些书受欢迎的征兆。你看，当一本书真的受欢迎时，读者会去购买或跟朋友借，他们不会等到去图书馆借阅。（至少这样的谬误是受欢迎的。）

5.6 二分法
如果你不支持我，你就是反对我

二分法谬误，就是只分成两个选项。这种谬误有时称作"非黑即白"谬误，它在事实上有多个选项时，呈现"非此即彼"的情境。

如果你不支持我们，就是反对我们。（有些人可能会觉得你有一部分是对的；另一些人可能会在某些事上赞同你的看法，却在其他事情上反对你；而绝大多数的人可能根本不在乎是否要发表意见。）

生活中的某些情境有无限变化，某些情境则提供了直截了当的选择。还有一些在黑白之间的灰色中间地带，不全然如男女之间的差别。把第二类的有限选择带入原本更适合运用第一类的情境中时，就犯下了二分法谬误。

这世上有两种人：有钱人和没用的人。你想要当有钱人，还是乐于继续当个没用的人呢？（事实上，有钱也分不同程度，就像没用的人也是。可能跟某些人比较起来你很有钱，但跟其他人相比就很穷酸，没用的人也是同样道理。这是永无止境的比较。）

这个论证的错误，在于对其他选项的否定。谬误使用者将范围缩小，排除了任何可能影响结果的讨论材料。这个时候，谬误与不相关事物的侵扰无关，而是由排除了相关项目所致。

二分法常被用来限制选择。大党通过否定小党的有效选项来压缩小党的政治空间。狂热分子，不论支持或反对，都运用这个方法煽动不感兴趣的群众。理想主义者则使用二分法将群众分类，不承认普遍的民意。

二分法谬误更具刺激性的用途之一，体现在收集统计信息时。市场研究调查只将人们分配到大项的分类之中，通过"是"或"不是"的回答搜集信息——对个人来说这都不是正确的信息。构造假设场景的性格测试，总是低估了人的聪明才智。

二分法经常出现在两难困境中，即使两难困境本身是论证的一种健全形式。

> 如果我们进口货品，就是将我们的工作送到海外去；如我们出口货品，就是将我们的财富送到海外去。既然必须在进口或出口之间选择，我们要不就是失去了工作，要不就是失去了财富。（这不是非黑即白的抉择。我们可以进口一些东西，然后出口其他的东西呀。）

英国海军中将纳尔逊子爵（Lord Nelson）曾经有一个著名的呐喊：

> 葬于西敏寺或凯旋！（他忽略了两者兼得的可能性，或者圣保罗大教堂也是个选项——他最后葬在了那里。）

二分法最大的用途是，你可以提供两个选择，一个是非常令人不快的选择，另一个是你赞同的做法。听者若不照你所建议的去做，就会知道世界末日近了。

> 我们若不将门漆成绿色，就会被当作笑柄。大家会觉得我们毫无品味，然后我们会被左邻右舍拿来当作茶余饭后的消遣。我让你决定，我并不是要影响你的决定哦。

你必须学习如何引出你认为的唯一可行之道，比如说："好吧，各位女士先生，看来我们有两个可能的选择……"

5.7 循环论证

因为有鸡就有蛋,所以有蛋就有鸡

循环论证是"乞题"(petitio principii)中非常吸引人的特别形式,它将结论证明的事实当作支持结论的证据,因此争论一直在绕圈圈。

"老师,我并没有做过这件事。小史可以担保我的诚实。"
"为什么我要相信小史?"
"老师,我可以保证他的诚实。"(任何掉入这个圈套的老师,都会被两个假设吊起大拇指。)

循环论证与它的表亲"乞题"谬误基于相同原因,即无法将未知或无法接受的事情与已知或可接受的事情联结起来。循环论证带给我们的是两种未知的联结,如同彼此在追逐对方的尾巴,而没有一方有时间来真正接近自己。

我们从《圣经》中得知神,而我们知道可以相信《圣经》,因为《圣经》是神的语言。(在螺旋内的圆圈,在车轮内的轮子。)

循环论证与"乞题"紧密关联。在宗教与政治论述中,循环论证常被建成一个温暖的小巢。如果真有让人信服的特定宗教或意识形态的证据,聪明的人会很难去否定它们,在论证棘手的地方,"乞题"与"循环论证"通常同时出现。

同样的谬误,也会出现在科学中。我们怎么知道大家所说的科学知识不过是一个巨大的"循环"呢?当我们进行科学实验时,都会假设未被否定的知识是正确的。我们真正要试验的是，新理论是否能与未被否定的理论一致。我们无法避开已知的客观事实来测试这些理论。毕竟，即使是有关我们感官的理论，也会陷入同样的困境。最终，只会有一个结论，那就是科学通过巨大的"循环"圈，提供给我们一个始终如一并且合意的宇宙观。

无论如何，你会发现使用科学的权威来支持自己的循环论证是很困难的。因为它在论证里很容易被识别出来，而相比于它的大表亲"乞题"，它又是较为简单的。

"我有钻石，所以我应该是领袖。"
"为什么你应该保管钻石？"
"因为我是领袖啊，笨蛋！"

当你的结论因其他原因得到接受时，你就更有可能脱离循环论证。当大家已经一半相信某些事情的倾向时，他们不会频繁地去检验论证。这就是说，循环论证应该保留在顷刻即忘的口头论述中。

"我要求你去做这件事，是因为我尊敬你。"
"我要怎么知道你尊敬我？"
"我有要求你去做别的事情吗？"（如果你去做了，你就会相信他。）

聪明的读者或许会指出，像循环论证这样的谬误太明显，只能当作辩论技巧。但你能确定这谬误不会影响层层的公务员、政府委员会与内阁，并严重地扭曲国家决策？会影响的。20 世纪 60 年代，英国政府在公共辩论中通过的一项政策，就是一个相当明显的循环论证。这个有关国家经济计划的运动，要求企业承担国家 3.8% 的经济增长率，然后据此评估企业扩张的计划。各种评估由政府来进行，其中就包含了英国产业界所建议的 3.8% 增长率的综合计划！

除了那些逻辑荒谬的鉴赏家有幸在二手书店抢购剩余的计划书副本，这个国家计划书毫无价值。

5.8 复合问句

你的愚蠢是天生的吗?

复合问句谬误,即多重问题。当好几个问题被合为一个,要求回答"是或否",被问到的人无法将问题分开以分别回应时,就会发生复合问句的谬误。

你是否已经停止打你老婆?(如果答案是"是",你承认你曾经打过。如果是"否",那你就还在打你老婆。)

这例子看起来似乎是个老掉牙的玩笑,不妨看看现代版:

你所造成的污染,是否让你饱赚?
你误导性声明的结果,是否让你获得晋升?
你的愚蠢是天生的吗?

这些问题都含有一个附带肯定答案的预设。这正是一种由不合理的假定所构成的谬误。可问的问题有许多,但是如果问题的答案事先已经被假设出来,就是犯了复合问句谬误。

一般的谬误版本,会从"谁"或"为什么"等问题开始,像"昨晚我看到跟你在一起的那位小姐是谁"和"为什么小鸡不过马路"一样,严格来说,都是这项谬误的范例。这项谬误,排除了"没有"或"不是"等答案。

为什么你要让你妻子更改遗嘱的受益人为你？为什么你要跑去药剂师那里买老鼠药？为什么你要把老鼠药放在她的饮料中？又是如何做到不引起她的注意的呢？（尽量不超过三个问句。）

生活在复杂世界的人们感到困惑。他们无法理解，为什么要忍受那些宣传反爱国主义的电视记者、我们如何遏止校园毒品泛滥，或者为什么有那么多的失业人口出身大学或学院。在那种世界中，广告人想知道我们的家庭是否值得他们产品的特别关注，或如果我们选择了他们品牌的洗发精是否会很开心。

在他们所依赖的事实得到确立之前，上述这些问题都不会被视为有效的。复合问句可以被分解成更简单的问题；当假设的事实被否定时，那个更大的问题也一并无效了。

复杂的遗传与演化，可以进一步解释为何成年女性比成年男性多出了四颗牙齿。但没有任何方法能像计算几张嘴一样，有效地否定这个事实。

复合问句在引用民主的假象时是非常有效的。你可以给小孩一个攸关命运的选择：

你现在就去睡觉，还是等你喝完可可之后？
你想把你的积木放进盒子里还是放在架上？（请注意！十年之后，这个问题将会回到你的身边，比如：妈，你买一个迪斯科游戏板还是摩托车当我的生日礼物？——真是得不偿失呀！）

5.9　以相伴定因果
只要一起发生，就有因果联系

以相伴定因果谬误，指只要一起发生的事件就有因果关系，不给巧合或外在因素的影响留空间。

一位旅客，在火车上遇到了一个西班牙农夫及其妻子。他们之前从未吃过香蕉，所以他给这对夫妇每人一根香蕉。当那位农夫咬下一口时，火车进入了隧道。这时他忽然大叫："别吃它，卡门，它会让你变成盲人。"

这是在用以先后定因果谬误联结连续发生的事件。以相伴定因果谬误和它很像，将同时发生的事相互联结。以相伴定因果谬误无根据地假设在没有其他事件发生的情况下，这些事件不会发生。

事情总是随时随地发生。一天之中，很难不见到下雨、电费账单、电视节目或报纸。我们总免不了把这些难以摆脱的晦气事与同时发生的事联结，并得出某些关联。在原始的社会中，这些假设联结被视为常规，巫医的一项工作就是厘清各种行动与后果的联结关系。在现代社会中，生活更加复杂。

统计学是以相伴定因果谬误的栖息地，它们潜伏于此，并且难以发现。统计学有个分支，称为回归分析。它测量同时发生的事情的频率与幅度，并计算这些事物关联的可能性。相关系数的产生伴随着可能相关的百分比。统计学家通常都会给我们呈现 95% 或 99% 的比率，这涉及了更多的可能性。

一位统计学家观察学生成绩时，惊讶地发现在7到12岁之间的学生中，手写字体的整齐度与鞋子的大小相合。他检查上百个小孩的字体后，发现字体整齐的小孩有较大的脚，并且有99%的概率。（一位老师稍后跟他说，因为年龄较大的孩子有写出更整齐字体的倾向。当孩子年龄更大时，自然拥有更大的脚。）

大部分涵盖定量研究的学科——包括经济与社会学——发现以相伴定因果谬误分散在他们的领域中。这是因为我们无法真切知道人类行为的产生原因，所以会观察人类事后采取的行动，尝试将这些行动与其他事情联系起来。以相伴定因果的毒草，便与真知灼见的小麦一起发芽。

选举让人花钱，数字很清楚，花费总是在选举年增加。（会不会是因为政府想要连任，才倾向于降低选举年的税收，因此人们可以有更多的钱去消费？）

想要从容应用以相伴定因果，最好能够获得大量统计信息的支持。当你的听众对数字感到困惑时，就很难用他们自己的数字来反抗你。统计信息可以让你提出的相关性联结更易于接受，尤其是当你列举社会科学领域的权威数据时。这很简单，没有任何事情会因为尚未被人类证明而被认为是荒谬的。这有助于你选择使用信息。

民众拥有枪支，是造成暴力犯罪的主要原因。枪支在美国的泛滥程度，与高暴力犯罪率成正比；暴力的使用，与枪支有着极大的关系。（太棒了！但记得不要提到瑞士，那里每个家庭都有一把枪，如同军事训练的一部分。而瑞士的暴力犯罪率低，枪支几乎派不上用场。）

一位美国的议员，注意到高犯罪率与高入狱率相关，并建议释放囚犯以减少犯罪数字。

至于这个谬误在文字上的使用，只要并列文句即可。不妨参照报纸头版的处理：

马克·吐温来访
金杯被盗

5.10　死不承认
对手不愿意跳坑，那就给他挖一个

某人否认某些事情，这不是一个谬误。他声称自己没这么做，这话可真可假。但是当我们声称他"死不承认"某事时，就有了不同的含义。这意味着虽然我们都知道他确实做了这件事，但他打死不承认。那么问题来了，我们怎么知道他确实做了此事呢？所谓的论证材料不过都只是断言而已，有罪只是我们自己预设的，我们可以假设"死不承认"的一方并没有招供。很多情况你都可以否认，但招供是不一样的情况。

能指责对方"死不承认"的情况其实是有限的，比如当某人受审而且依据法律程序被判有罪时。如果陪审团听了双方的证词之后做了有罪的裁定，被判定有罪的人却拒绝承认，这种情况我们可以说他"死不承认"。但是要记住，这种情况其实也不是绝对的。如果有罪审判的公平性有待确定（这种情况我可能没法给你提供例子），被判定有罪的一方仍然可以坚持声称自己是清白的，我们不能说他"死不承认"。即便是在司法体系十分完善的国家，也有可能发生冤假错案。

问题在于，"死不承认"意味着被控人一定程度上是有罪的，但是多数判定有罪的情况不是建立在合理怀疑的基础上。

"他矢口否认与其秘书有染。"（这意味着虽然我们都知道他确实这么做，但是他却拒绝承认。这么说也许更合理：很多人怀疑他出轨，但是他予以否认，我们想不通过公平的听证会就判定他有罪，这时候干脆说他"死不承认"。）

具有这些团体的特征，任何个人特质就不被允许有出现的机会。许多政治意识形态试图以这样的方法对待大众，把他们当成社会中的次级团体成员，并只允许他们表现不见得与他们理念相同的团体价值。

看！你是个公仆。你的议员赞成这个议案，因为他们知道对公务员有益，因此一定也对你有好处。（说话的人，只是在想象那些失去的薪资。）

当我们在讨论那些我们所知甚少的人时，经常使用绝对概括，试图将其所处的团体特性投射至他们身上。只知道邻居对我们是有礼的，并且开着更好的车，我们就会试图认定他是天主教徒或壁球球员并据此延伸推断。我们对相关属性的假设或许是对的，但错误在于假设它们必定如此："我们都知道小孩子比他们的父母矮。那么，现在我50岁而我父亲80岁了，我注意到我比较高，或许他不是我的亲生父亲。"

绝对概括，可以用来将人扣入刻板印象的条条框框。既然他们属于法国人、芭蕾舞者或骑师团体，他们想必是个好的爱人、柔弱的人或有弓形腿的人。你必须诉诸众所皆知之事来填补被抵制的个别细节。

作为父母，你更应该用绝对概括哄骗你的小孩，做你想要而非他们想要的事：

菠菜对发育中的小孩是好的，吃掉它。（但是，注意"好的小孩都会如此"这个句式结构。你的后代也许会站出来，承认他们自己不好。）

5.12　道德优势

除了你，其他人都没心没肺

在道德上优越于你的对手本身并不是谬误，但在没有理论支撑的情况下还自认为你道德高度高于对手，这就是谬误了。注意，你所提供的论据必须比你对手反驳你的事实更令人信服。

谬误的推理大概是这样一个流程：因为我道德高尚，我持有某些观点，所以其他持有不同于我的观点的人肯定是不道德的。事实上，我有道德感以及我有双蓝眼睛并不会使棕色眼睛的人变得邪恶。持有不同观点的人可能忠于不同的道德准则，又或者他们可能跟你有相同的道德准则，只是他们获得结果所采取的步骤跟你的不一样。举个例子，关于给予每个公民最低的生活保障这个观点，相信大家都同意，但是对于实现目标的方法却各执一端，比如应该由每个州提供补贴，还是由私有的慈善组织？提高薪资水平抑或免除应有的赋税？一种方法的支持者不见得就在道德上优越于持有其他观点的人。

那些拒交 BBC 电视费的人就应该进监狱。要是不同意我这个观点，那你无疑就是在鼓励违法行为、自私自利以及不尊重合理的社会行为。

话是这么说，但也许反对者只是觉得迫使自己为不想看的电视付费是不道德的，或者他们认为本着非强制的收费原则会更合适。反对者跟你的观点不同并不意味着他们缺德。

这个谬误曾经被叫作"锡人"谬误（跟"稻草人"谬误对立），因为他们总是假设对手像绿野仙踪里面的锡人一样没心没肺。

"有个提议是翻倍征收酒精税以此来帮助无家可归的人重建家园。每每看到街上一些无家可归的人,那些反对这个提议的人简直是铁石心肠啊。"(你可能对此非常关切,但你想想其实还可以有更好的解决办法。)

这个谬误的使用很简单,你需要做的就是对那些反对你的人义愤填膺,指出他们对穷人、无家可归者等你所能想到的弱势群体的无情忽略。另一方面,把别人的钱花在你所在乎的事情这个策略也展示了你的道德优越性。

5.13　事后回溯统计
如果不曾遇见你，我将会在哪里

统计学家被形容为这样的人：不论是对于无根据的假设还是一开始就知道的结论，他们都能够绘制精确的线条。虽然没有想象中糟糕，但有无数的统计谬误正准备捕获粗心者及助纣为虐。当我们采用过去事件的概率时，就会犯事后回溯统计的谬误。

我抽了张黑桃 A。这只有 1/52 的概率，但是被我抽出来了。（同样的状况适用于所有的牌，总有一张牌是要被抽出来的。）

我们无法从过去事件的低概率中得出太多结论。如果某件事情发生的可能范围很广泛，每种可能的概率就会降低。当我们由事件的低概率推测出某些超自然的因素在运作时，这项谬误就发生了：

周三我在广场遇到我阿姨。想想那天有成百上千的人从广场中穿过，你该体会到我们在这里相遇是多么不可能的事。也许我们之间有心电感应。（这情况同样适用于其他千百个你所遇上的人。）

掷铜板时，连续四次出现头像的概率只有 1/16；同样的现象，也会发生在任何其他你可能想到的组合上。只有一件事是确定的：当你掷了四次铜板，1/16 的机会"会"随之发生。这项谬误发生在证据之外，使用不合适的统计方式，指向神秘影响。事后回溯统计，常发生在有关生命与宇宙起源的预测上。将异想天开的推测拿出来炫耀，以

第五章　23个关联（假定）的非形式谬误

显示难以置信、微乎其微的事情竟然发生：

> 我们有多幸运，我们的星球给了我们对的温度，还有合适的空气让我们呼吸。这真是再幸运不过了！（在70号蛇夫座的第三星球上，有十条腿且呼吸氮气的蓝色生物，也曾说过同样的话。）

相同的断言也可以用在创造出生物正确化学作用的概率上。事实是，在我们的宇宙中，化学物质以某种法则结合，如果这些法则有所差异，可以相信同样会有不同的生物出现在不同的宇宙，并庆幸他们自己是如此幸运。

这项谬误，对于那些认为自己是命运之子的人来说是很重要的支柱。通过检视那些导致他们现在状态的几乎不可能的事件，他们看到隐藏在背后的那只无情且残酷的命运之手，却没有意识到如果事情的结果不同，他们可能就不会像现在这样说了。

> 我觉得，如果我们不是住在同一间饭店里，或许不会相遇，也不会结婚。（但他们或许会遇到其他人，并与其他人结婚，并同样以为自己是幸运的。）

对这项谬误的应用，取决于你的神经质。你可以很轻易地用这谬误说服他人，让他们相信你是宇宙间最让人喜欢的小孩，并且有资格得到特别的关怀：

> 我相信我是真的需要这份工作。我在大街上看到被风吹向我脸颊的报纸广告，觉得冥冥之中注定我在那个时间走在那个地方，所以我会得到这份工作。我不是说这应该影响你的决定，但是……（但是它应该会影响。很少有人喜欢果敢地面对铭刻在指尖上的无情命运之手。）

如果你有其他神经质,也可以时常使用这个谬误来谋求某些怜悯:

真是幸运的一刻!她可能检查过伦敦的所有停车收费表,也包括我的。刚好我的停车收费表可能坏了!(如果你到酒吧去被当成沙包打,然后有人因为同情赏了你酒喝,这不也同样是好事。)

5.14 被误用的"零和游戏"
分到的蛋糕不一定此少彼多

零和游戏本身不是谬误。它描述了这样一种情况：因为某样东西的供应量有限，所以一个人的占有量会影响整体的剩余量。换句话说，要是一个人得到的多，其他人就相应地拿得少。以披萨为例，要是你拿了一份大的，肯定有人拿到小的一份。当某人声称或者假定一种物品的供应量是有限的，而事实却是这个物品可以再生产，这个时候谬误就发生了。

谬误总是惊人的相似。很多人认为交换或者贸易行为是零和游戏。他们往往认为一笔交易的价值是固定的，一方获得的更多的利益是建立在另一方的牺牲之上，他们总认为"要拿到一笔更好的交易"或者"要从中获取最大限度的利益"。事实上，交易之所以发生是因为双方都会使对方本身就超出自己所拥有的那一部分进一步增值。通过交易，双方都获得了比交易前更多的收益，都变得更富有而不是成王败寇。

"不，你不能把这桶沙子从沙滩带回家，你带走了，别的小孩可能就没得玩了。"（以上这个说法只有在全世界沙滩上的沙子数量总目不变，而且有足够多的小孩带着足够多的木桶去取沙子时才会成立。事实上，当海浪撞击石头时就有新的沙子产生。）

只有全世界的财富更平等地分配，相对贫穷的国家才有可能变得富裕。（荒谬，上面这个说法假定了世界的财富是一个固定数量，而实情并非如此。过去几个世纪包括现在，世界总财富一直在增加。当今世界总财富远远大于阿尔弗雷德帝国时期［849—899］。贫穷国家可以向富裕国家学习，通过贸易和交易来致富。）

"要是我买两台电视，意味着某地的某人会少一台电视。"（以上说法成立前提是世界上不会再生产更多的电视了，我们可以做梦，不过这不大可能。）

要是你在听证会中使用这个谬误的话，它会变得很受关注，因为这关乎大众的嫉妒心理。当你把矛头指向那些富人的财富时，你可以向你的听众声称，这些富人为了获取更多利益使你变得穷困潦倒。稍稍加上一点小聪明，你就可以用这个谬误使你的掠夺甚至打劫行为在道德上受人尊重。

5.15 赌徒的谬误
因为前四次都是正面，所以第五次应是反面

在赌局上，几乎没有什么谬误比让人相信下一次的投掷（或旋转盘、掀牌）结果会受到上一次影响的谬误更固执了。赌客以及其他人，常被令人困惑的概率问题卷进此谬误中。他们混淆了所有可能结果的概率和每一种可能结果的概率。

一局中，投掷硬币五次都得到正面的概率很容易算出，答案就是：

$$1/2 \times 1/2 \times 1/2 \times 1/2 \times 1/2 \text{ 或 } 1/32$$

在前四次投掷中，姑且不论概率，每次都得到正面，接着得到正面的概率不是 1/32，而是 1/2，每一次都是这样子。前一次的投掷，并不会影响下一次投掷的结果。在这些随机或偶然事件中，每次的概率都和之前或之后的概率不相关。大部分漫不经心的赌客，看到这一局已经有四次正面了，会因为觉得不可能再有第五次正面的机会而将赌注都下到反面上；专业的赌客则会怀疑那是一个作假的硬币，因而认为仍然会得到正面。

在最后的 20 局里，红色已经出现 13 次了。这表示我们应该要押在黑色上，我赌黑色。（如果这赌桌是诚实的，那么黑色的概率依旧，红色的概率也一样。）

生活中流行这样的观点：运气总有一天会用尽。有句话说"第三次的幸运"（third time lucky），就是指前面两次的失败将使第三次的成功概率提升。如果此事是在真正随机状态下发生的，就没有道理说两次的损失会换来一次胜率。若结果反映了表现者的性格特质和能力，两次损失就会成为判断的基础。

  我这次支持希拉里。她不可能总是错的吧。（哦，是的，她有可能是错的。）

  前事会影响后事的状况，发生在从一副张数有限的扑克牌中抽牌的情境里。显然，如果从一副有四张 A 的牌中抽出一张 A 来，那相对地，其他花色 A 被抽到的概率也就减少了。专业的赌客，善于记忆哪一些牌已经被抽出以及分析这会如何影响即将可能被抽到的牌；其他赌客则善于从牌筒中抽出下一张牌，弥补牌桌上被剥夺的机会与概率。

  许多所谓的赌博"系统"，就是建立在赌徒谬误上。如果在 1/2 的概率上赌，你在每一次输后都加倍赌金，然后你就可以赢回你之前输的部分，甚至还可能多赢一些。这其中最大的问题在于，如果这最大金额的赌金超出你自己的资本，你将很快无法继续加倍赌金去赌（试试看，在棋盘上每一局都加倍赌金，然后你可以看到这很快达到了全世界的收入总额）。再者，打击此系统的投注赔率将会频繁到来，摧毁你辛辛苦苦等来的胜利，将你成功的希望破坏殆尽。只有一个规则值得你赌：坐庄的总是赢家。

  你可以诉诸"宇宙好歹是公平的"这个相当无稽的信念来活用赌徒谬误。

  我用来回避苏格兰西部的论证是，这个世纪以来，那儿已经下了大半个夏天的雨。既然前两年都没下什么雨，今年下雨的概率就非常高。（事情都是会改变的，即便是苏格兰西部。）

  你可能会发现，这个赌徒谬误用在说服别人站在你这边时特别有

第五章 23个关联（假定）的非形式谬误

用，尽管先前的记录显示这与运气无关。

我提议这位候选人成为我们的新秘书。我知道过去挑选的三个人都非常没用，但这就让我有更多的理由来说明，我的坏运气在之前几次都用完了，这次会是好的。（听起来像是将烂论调伪装成坏运气。概率在于新的选择将可能是既"漂亮"又"没用"。）

我请的前四个律师都是骗子。我相信这次的一定会好。（不太可能。）

5.16 非预期

如果这样可行,之前早就有人做了

非预期谬误假设,凡是值得做或值得说的事情都已经做过或说过。任何新观念都会被拒绝,理由是如果真的这么好,早就成为当代智慧的一部分了。提议之所以被回绝,是因为没有预期。

如果烟草真的如此有害,为何以前没人禁止它呢?(他并不知道。现在的人活得较久,足以见识烟草带来的不良影响,而且我们现在有更多的技术可以评估这件事。)

这个谬误的核心假设毫无根据。人类的进程有许多方面,包括科学的和社会的。新观念不断地被采用,没有道理去假设我们的祖先早就知道它们。这个假设,把不相干的材料强加进论证之中。

虽然古代圣贤可能很有智慧,但我们既不能预设这些智者都是智慧的,也不能假定他们完全愚蠢。

如果早餐时间的电视节目真的那么好,为何花了这么久的时间才出现呢?(因为我们没有察觉,人们在早上喝牛奶的时候更想要配上一碗粥而不是电视节目。)

这不只是产品与发明过程的革命,也是我们生活形态的改变。

多年前,人们不需要这样长的圣诞假期,为何他们现在需要了呢？（他们或许多年前就需要了，但无能为力。相同的谬误也会被支持。毋庸置疑，在矿场及工厂的童工都会维持原状。）

非预测谬误对于性格保守者来说会是个很大的安慰，因为他们完全无法想象有何针对改变的论证被提出来。

主席先生，这个提案已经生灰尘长达二十多年了。如果它真的有什么优点，早在很久之前就该开始实施了。（最有趣的地方就在于，你现在的拒绝会在未来充当反对的又一份"证据"。或许过去的拒绝同样是非常轻率的。）

为使这项谬误产生更大影响，你可以列举一些"幻影军团"，这些军团可能会有这样的想法，可是事实上并没有。他们的数量可以与此意见相抗衡，即使他们从来没想过这些。

我们是不是要假设，自己比那些历年来学富五车、精明干练并且可能采取这项方案但又克制自己不要这样做的人聪明？（有能比胜过数以百万人的贝多芬聪明，又可以写出像他的交响乐般的伟大作品，却不曾这么做的人吗？）

你会发现，这个谬误对于抗拒从风气中解放这件事情特别有用。如果女人或小孩参与决策有任何好处，难道很久以前都没有人发现吗？同样的方法，会帮助你对抗独立假期、外出就餐、做运动和吃胡瓜。

如果每天喝 8 罐啤酒和肥胖之间有任何关联，你不觉得不计其数的酒鬼早就看出来了吗？（为何他们看得出来？他们连自己的脚趾头都看不见呢。）

5.17 诉诸新奇
新奇的就是对的

假设"老的就是好的"是个谬误,那么,"新的就是对的"也是谬误。诉诸新奇谬误,错在将事物的新奇作为判断正确的因素。当你听到诉诸新奇以求得支持的争辩时,便是遇到了诉诸新奇谬误。

这些新摩天大楼是未来的主流,我们也应该自己来盖摩天大楼。(这些新鲜事并没有阻止他们肆意地破坏市容或居民的生活。)

有些人或许会感到惊讶,发现不论新旧事物都可以被错误地用来支持一个论调。实际上,这是在我们每个人身上都曾出现过的矛盾特质。我们希望拥有传统的安全感,又希望自己时髦且跟得上时代潮流。如果我们有心运用它们外在的优势来支持我们的论点,两者皆可以作为谬误使用。"诉诸新奇"与"诉诸传统"相配对,都是使用年代这类不相干的事实来获取赞同。事实上,新奇无法带来正确性。如果诉诸新奇,就犯了这个谬误。

诉诸新奇与它的亲戚——诉诸传统十分相近,也都有着保守的一面。这是勇于建设新世界的时代。虽然时空会改变,但现在诉诸新奇已经在保守思想中建筑新巢了,它疾呼"旧路线已经挫败",代之以"寻求21世纪的新解决之道"。与此同时,诉诸传统可是要费很大的工夫才能回首社会改革时的美好岁月。

广告商使用"新"词诉诸新奇,早就行之有年了。他们假设大众把新产品与进步画上等号,从洗衣粉到牙膏等所有东西,都打着"新配方，全新升级"的口号。早餐玉米片永远都是创新的，新的创意发现不断地出现在包装纸盒上。当玉米片以老式包装出现时，整个广告界受到巨大震撼。褪色的棕色包装上展现了老式商品的好处，很快地就大大地增加了销售量。诉诸传统的大胆攻击，将诉诸新奇送上绞架。所有产品都以复古的方式呈现出来，"一如往常"成为广告的口号，伴随着令人产生睡意的场景以及蜘蛛网覆盖在包装上的意象。比如英国的霍维思（Hovis）面包，不但没有"全新口味""全新改良"，反而回到深褐色的乡村简朴风格。

这两种谬误都极具威力，但诉诸新奇有点过头了。现在，两者中间存在着平衡。简朴的乡村男孩穿着像太空服的衣服，那些在格斯拉哥[1]公寓长大的男孩现在则在回忆充满乡村气息及新鲜棕色鸡蛋的虚幻童年。

当使用诉诸新奇的时候，请记得这两个谬误之间有所冲突，这种冲突限制诉诸新奇进入诉诸传统不欢迎的地带。当人们比较喜欢旧房子时，你无法因为房子新而强力推销它，但你可以支持经济学的理论，因为经济学理论是新的：究竟老房子有什么好？

就像你的理论是"新经济学"，所以你的社会及道德信念是"新觉悟"的一部分。听者偏爱新信息，而不是被威吓改变他们的想法。

我们是允许此地的商业区继续老式的商业运作方式，抑或响应社会需要的新思想，为失业者盖一个现代小区中心？（像这样的论证，你会很轻易地赢。你会得到一座小区中心，给在商业区那边工作的人。）

---

1 Glasgow，英国城市。

5.18 乞 题
因为我是对的，所以我是对的

乞题谬误又称"乞求问题"（begging the question），发生在结论诉求的内容出现在论据中时。乞题谬误是个伪装大师，能够设下许多奇怪的形式。其中一个最常见的是，把结论改述为支持结论的论据。

法官应该得到更高的薪资，因为现代人赚得比较多。（何不说法官应该得到更高的薪资，因为法官就是应该得到更高的薪资。）

对初学者来说，使用乞题谬误似乎不是一个长远之计，它看起来太过脆弱，无法走得太远。但是我们反观现今的政治谈话，就会发现这种谬误经常被用到，有些甚至用了数百年之久。想要用情绪化的承诺来增强论证似乎相当困难，这也就是为什么政治人物会用乞题蒙蔽自己，继而欺骗市民。当特殊情况只是某个一般性假设的一部分时，政治乞题谬误经常会提出这个一般性假设来支持这个特殊情况。

英国政府应该禁止康斯塔伯（Constable）的画卖到美国博物馆，因为英国政府应该禁止所有艺术品的输出。（这个论证有模有样，但同样的理由也可以应用于所有的艺术品输出。添油加醋后就会变成：政府应该禁止所有艺术品的输出，因为政府就是应该禁止所有艺术品的输出。）

论证应该诉诸一些众所周知或广为接受的事，好让那些不为人所知的事物能被大众接受。乞题谬误往往依靠一个未经确立的结论。这个结论以伪装的形式,出现在支持它的前提中。

对于所有旨在证明无法证实之事的论证,我们都应该仔细地审察隐藏其中的乞题谬误。不论是支持意识形态、宗教信仰还是道德价值的论证,都有个共通点,就是它们企图说服怀疑者。它们还有个共通点就是,能在证据中自我繁殖。

所有事情都能以其目的作为定义。(别太过惊讶,当讨论像这样开始,最终会以"证明"目的的存在作为结束。如果事情的发生都有一个目的,那样的目的也早就已经被接纳了。这是乞题伪装成证据的一个例子。)

当你在使用乞题时,要有技巧地使用一些词汇来隐藏你结论的假设,特别是那些本来就有隐含假设的字眼,像是"目的"这样的词。哲学家们经常大量储备这些词汇来论战,特别是在想要告诉我们如何为人时;他们想要强加在我们身上的义务会藏在类似"承诺"这样的字眼当中,看起来很直接,也很实际,却藏着一个"义务或责任"的意思。

关于乞题,有一件很重要的、应该被牢记的事,那就是它看起来像是在支持某一个案例的论证。因此,你应该在论证当中多多播撒一些像"因为""所以"这样的连接词,即使只是简单地换个词重新叙述。

当被逼至角落的时候,你可以用精心挑选过的乞题戏剧性地逃离,而那些乞题就是由对一般真相的推测和对结论的改写结合而成。

我们不应该卖武器给马来西亚,因为对我们来说,用取人性命的武器来装备他国是错的。(看起来、听起来都像是个论证,实际不过是个取巧的说法,原意是:我们不该卖武器给马来西亚,因为我们不该卖武器给任何人。)

5.19 以先后定因果
在此之后，必由于此

"Post hoc ergo propter hoc"这句拉丁文的意思为"在此之后，必由于此"，这谬误认为如果一件事情跟着另一件事情发生，则第二个事件的发生是由第一个事件所致。

在豌豆罐头问世之后，紧接着发生的是迅速攀至新高的未婚生育率，直到冷冻豌豆将罐装豌豆赶出市场后，未婚生育率才开始下降。这其中的关联再明显不过了。（或许真的再明显不过了。如果你想要喂女儿吃豌豆，记得让她远离任何会让未婚生育率上升的东西。她们应该远离电视机、喷射机、聚乙烯和口香糖等再明显不过的有害物质。）

尽管两件事情可能接连发生，我们却无法简单地假定，其中一个在没有另一个出现的状态下就不会发生。第二件事件无论如何还是有可能会发生。这两件事件，可能被一个共同的因素联结着。愈来愈富裕的社会，可能会影响我们购买罐装豆子的习惯，也可能会使未婚生育更加频繁。在游戏机前的孩子们，为以先后定因果谬误提供了生动的例子：他们常做出交叉手指、闭着眼、单脚跳以及各种扭曲的姿态，只是为了赢得游戏。他们将随机的备战姿势与获得的运气联系起来。在这一点上，他们完全和成年的赌徒一样。他们藏匿的脚和龇牙念咒都暴露了同一个假设：如果它们这次有效，下一次也一定有效。

不幸的是，每件事都是紧接着无数个事件来的，在我们厘清起因之前，需要多个及时的连串事件。哲学家休谟用指出，在时间和空间上有一定连续性是规律性的主要特征。如果一种病菌规律地出现于感染之前，而且也在受到感染的人体中发现，我们会更加认定是这种病菌造成人体感染。

"以先后定因果"谬误的魅力，在我们将日常生活中的因果关系抛诸脑后时浮现出来，尽管我们设想自己知道每个新的事件都会引出另外一个事件，正如休谟归结出我们对规律性的预期。手指上的烛火和随之而来的痛感，就是所谓的因果关系，因为我们料到一件事会规律地跟着另外一件事。当然，我们会编造各种期待，作为一条隐形的线联结二者，随后提出在第一和第二者之间那无形的事件。我们怎么知道这无形的事件就是真正的肇因呢？很简单，因为它们总是会接二连三地跟随而来。

我们知识上的缺口，提供了任意安置谬误的空地。希腊历史学家规律地依据人类行为来讨论天灾。举例来说，我们发现希罗多德（Herodotus）或修昔底德（Thucydides）讨论出地震的原因，是这个受灾镇居民以前曾犯下大屠杀。

坚定的谬误家视谬误为希望之土。不管你的对手如何想尽办法、用尽手段、在任何时间使劲地怨恶，你需要做的，只是将因素的影响归咎于不愉快的事情。我们知道不愉快的事情会继续，因为不愉快的事情总是不断发生。总是有那么多地震、性犯罪和政治性节目，这些你都可以扣在对手的头上。

"监禁是野蛮的行为，我们应该试着了解犯人，并用开放式监狱及职业治疗的方式来纠正他们。"
"瑞典从 1995 年后就开始实施这项政策，但你瞧发生了什么事：自杀、道德沦丧及满城的酒鬼。我们希望变成那样吗？"（像"道德沦丧"这种词是纯正的谬误家最爱用的，或多或少会让人觉得难以反驳。）

5.20 以偏概全
特别情况推出普遍结论

以偏概全谬误，亦以"以偏概全"（hasty generalization）著名。当一个言论基于可能性很小又不具代表性的情况时，就是犯了以偏概全的谬误——将论证从特定情况带到证据基础不足的普遍规则。

我在剑桥10分钟就遇到3个人，每个都喝得醉醺醺的。这个地方一定是个纸醉金迷之地。（根本没必要这样。周六夜晚的三一学院，一定与周日的国王学院不一样呀。这跟一个游客在伦敦的中午看见有3个人在报社外是一个道理。）

这个谬误的基础建立于对材料的假设之上，而这个假设尚待确立。要确立假设，必须有大量充分具有代表性的样本。一两个特别情况并不能推出普遍规则，就像一个铜板掷出正面，并不能说明该铜板永远都能掷出正面。

要辨识这个谬误，我们需要认识到，我们观察到的一些情况只是普遍规则中异乎寻常的例外。

别在这里买。有一次我在这里买到发霉的起司。（听起来像是在狭促的基础上作出广泛的谴责。）

很明显，良好的推断需要区分"以偏概全"和"由一两个实例得出有效推断"的情况。举例来说，当检视一对想要领养孩子的父母是否合格时，可根据猥亵孩童记录做出谨慎的判断。在电影《奇爱博士》（*Dr Strangelove*）中，当一位有精神病的司令官对苏联发出核攻击时，他这样鼓动总统说："您不可以因为一个零件松脱就谴责整个系统。"这两个例子，都是在寻求百分之百安全的系统，当例外情况发生时则会强化这个判断。以偏概全谬误，则涵盖更多它所不涵盖的一般状况。

一个旅客根据他参加皇室婚礼的经验来估计伦敦的人口，就像另一个旅客在慈善募款日上估算阿伯丁的人口，都是错误的案例。最基本的规则，就是"别过早下结论"。

民调机构会谨慎地避免犯下以偏概全的错误。有个知名的美国民调就犯错了——它预测共和党会胜出，因为他们使用了电话民调，却没发现民主党支持者多数没有电话。政党不厌其烦地大声喧嚷着他们那不具代表性的民调结果，只为得到更多的支持。

科学的知识，就像一个开采以偏概全谬误的矿场。科学理论，很多时候只提得出少数例子来当支柱。问题是，要到什么时候才会知道有没有足够的个案可以解释这些普遍规则呢？令人惊讶的是，这个问题没有答案。科学就是可能突然哪天生出一个新的理论，然后把先前那些坚不可破的理论全部推翻。从牛顿开始，可能有百万个苹果打在百万个人头上，但只有一个促使人们去修改一直以来被认为是正确的理论。

当你要说服听众接受与你意见相吻合的判断时，以偏概全非常有用。如果可以的话，你应该把大家都知道的一两个案例用作判断的证据。

所有演员都是左派激进分子。让我给你们举几个例子……（然后用你专业的方式，将两个搜集到的例子铺陈给他们听。）

5.21 诉诸中道
中立就有理

如果谬误分国籍的话，诉诸中道的谬误便应该分给英国。这是个英国式的谬误。诉诸中道认为，中道的观点是正确的。这个谬误不顾是非曲直，将中道当作一个立场可靠性的标志。

工会要求 6%，管理层提供了 2%。难道我们不能在 4% 达成一致，以避免所有罢工的困苦与时间的浪费？（如果我们这样做，下一次工会就会要求 20%，而管理层则会提出 –4%。）

诉诸中道认为，每件事物适度就是对的。适度地吃饭、喝酒与享乐，广受那些欲望不高又与世隔绝的哲学家的赞美。诉诸中道深受英国上层阶级的欢迎，他们认为所有的热衷都是缺乏教养的象征。一个人不应该太过热切。这种情况解释了为什么他们没有特别擅长的事情，虽然稳定，但平缓、衰退。

这项谬误之所以深入人心而无须论证，是因为适度可以用来规范我们的欲望。当一个观点是正确的，并无规定要采取这个观点的平均值或所有意义。

当两个团体陷于争辩时，一方维护 2+2=4，而另一方宣称 2+2=6；我们可以确定，一个英国人会走来，将规则定为 2+2=5，并谴责两方都太过极端。他指出双方都极端，这一点是对的，但以此证明他们是错误的这一点则不对。

第五章 23 个关联（假定）的非形式谬误

我很累了，我在任时一直努力在偏私与无私之间采取中间路线。（他或许会补充：在真相与假相之间、在不道德与美德之间、在睡梦与清醒之间、在理智与无理智之间。）

在一些国家和情景中，讨价还价比定价交易更为常见，他们按惯例操纵垄断价格来影响"公平"交易的概念。在公共生活中，你也可以通过主张极端的立场来得到更接近你想要的解决方案。

只有在英国，才会有人以类似《中间道路》(The Middle Way) 的书名写书，将诉诸中道提升为公共政策的指南。自由党曾经是深谙此道的高手，经常在两个主要派系间采取中间路线，并仪式性地谴责对方的极端思想；而主要派系在他们改变路线的过程中，包含有"中庸之道"的威胁，这使自由党成为故意吸引注意的极端分子。至于英国新工党，则建立在"适度"基础上。他们称之为第三条路 (The Third Way)。

一方代表资本主义，另外一方代表社会主义。我们提供一项合作伙伴的政策来替代冲突与极端的旧政策。（正因这种诉诸中道的思维如此诱人，其他党派忙不迭地衍生出各种版本。）

当你使用诉诸中道技巧时，应该试图培养浩然正气以获取最大的优势。记住你的对手是极端分子，还可能是危险分子。只有你，站在中间路线，踏在适度的高尚道路上。

你会发现，诉诸中道在塑造某一方的极端角色时很有用，可以将反对意见打成极端主义。

华森议员曾经鼓吹高龄市民可享免费旅行，其他人则建议应该向他们收取每次 50 元的费用。我们可否明智地避免这些偏激做法，选择 25 元的适度费用？（当然，这项辩论最后落在 0 到 25 元之间。50 元的主张，唤起了对诉诸适度的支持。）

这项谬误可以用来培养外交人员。当有人发表宣言要求英国给予一半的让步,你将会学到如何在快速轻松的情况下使用这个谬误。你还要快速起跑,因为这种谬误会有很多的追随者。

当两个国家为了两座岛屿的主权争夺时,你应该第一个跳出来建议一人一座,这样一来,将会有许多外交人员想要打败你的提议。

5.22　撒切尔夫人的过失
你做什么都是错的

当黑色圆帽第一次出现时，被称为圆顶礼帽（bowler），因为它看上去像一个碗盆（bowl），也因为它是由鲍乐（Bowler）兄弟所制。"撒切尔夫人的过失"的产生，可能同样出自这两个原因：它常被用在撒切尔夫人身上，它也涵盖了所有状况，就像一个盖屋匠[1]就盖住了所有的屋顶一样。

在撒切尔夫人任职的前几年，她就因英国的贫困与失业状况陷入责难。自然而然地，这情况转换成对新兴雅皮士[2]阶层炫富文化的责难。她被认为这两件事都做错了。

不管结果会不会随之而来责难都被叠加，此时，便犯下了"撒切尔夫人的过失"谬误。这个谬误之所以发生，是因为在结果诞生之前某项行动决定就已经确定有罪时，证据便无关紧要。"撒切尔夫人的过失"的重点在于，它包含了所有可以想象的结果。

如果政策先在苏格兰推行，就会被指控将苏格兰人当成小白鼠来实验。接着，如果政策最后才在苏格兰推行，指控就会变成苏格兰人再一次受到冷落。最后，如果政策同时在英格兰和苏格兰这两个地方推行，又会被当成决策者漠视英格兰与苏格兰两地差别的证据。硬币掷出头像，你输；掷出反面，你也输；硬币滚到旁边，你也还是输。

这项谬误在国会很好用，因为反对党会为反对而反对。"撒切尔的

---

[1] "thatcher"，撒切尔，在英语中也可译为"盖屋匠"。
[2] yuppies，指西方国家中年轻能干的一类人，一般有较优越的社会背景。

过失"允许他们反抗政府的任何决定，无论结果会怎样。因此，事情如果做得快，就贴上"鲁莽冒进"的标签；如果需要花时间，就被斥责为"效率低下"。

当负面判断被应用到任何结果时，这项谬误就会让人误以为判断就是结果。它会经常出现在小报上，在这里，一个名人做出对他有利的行为会被谴责，既然骂名产生，就无须对他们的行为作出真正的道德或价值判断。

> 我被要求受洗，但我很确定他们会给我的孩子冠上古怪的名字，这些可笑又平凡的名字会被当成笑柄，让孩子丢脸至极。

这项谬误操作简单，因为它出于人们宁愿听坏话而不愿听好话的本能。毕竟，闲话不会以称赞他人正义的行为为中心。为了更有效地使用这项谬误，你可以对一些行动提议嗤之以鼻，并预测不利的结果，然后透过"纵使也……"之类的用语，导入替代的后果，这样可以让你预言更多可怕的后果，听众就不会把焦点放在你的谬误上。这可以应用在所有你能想象到的情况。如果你觉得这样做太明显了，不妨仔细想想，一个世纪多以来，马克思主义者预测的资本主义所带来的任何一个灾难。

5.23 诉诸首创

那为什么之前没有人做过这个？

在经济学领域有个广泛流传的笑话：问需要多少个销售人员去换一个电灯泡，答案是零。因为"如果灯泡需要换的话，市场上肯定已经有人换了"。先不考虑笑话本身，这里的谬误认为，要是提出的建议很有价值，肯定已经有人做了。

要是拖着一个有轮子的行李箱可行的话，怎么花了一百多年才有这个发明。

这个谬误发生是因为凡事都有第一次。每一个发明、想法和建议都有其每个阶段的第一次。也许它不会发生在那些认为推着行李箱会使他们更容易穿梭在机场和火车站的人身上？也许因为有人终于疲于治疗因提着笨重的行李导致的疝气？或者有人看到酒店的行李员把行李放在小推车经过酒店大堂，然后联想到也许可以让小推车更贴合行李？

任何事情都有第一次。如果因为一切有意义的事情已经早有人做过了这个观点而反对一个新的建议，这显然是谬误。这可信度挺高，是一个不错的谬误。一些新的想法看上去显而易见，但要是说以前没人想到过，这不太可能。

一些人会犯这个谬误是因为他们认为多数新的想法都是古怪的，其中有价值的更是少之又少。这使得他们对新的想法持怀疑态度，很容易犯"把婴儿跟洗澡水一起倒掉"的错误。

"要是电子烟是一个伟大的想法的话，为什么之前没有人想到呢？"（可能有人确实想过，但被一些认为"好的想法肯定之前有人已经想到了"的人所嘲笑。）

如果你倾向认为事物就是它本身应该是的样子，这就是你的谬误。当有人提出一个可以改进现状的想法时，你直接轻蔑地告诉那个人，要是他提出的想法是之前几亿人没有人想到过的那简直是太了不起了，略带一丝的讽刺可能更有效。

图书在版编目（CIP）数据

有用的逻辑学 /（美）梅森·皮里著；蔡依莹，付业莉译 . -- 2 版 . —南昌：江西人民出版社，2018.8
ISBN 978-7-210-10275-5

Ⅰ.①有… Ⅱ.①梅… ②蔡… ③付… Ⅲ.①逻辑学 Ⅳ.①B81

中国版本图书馆 CIP 数据核字 (2018) 第 053139 号

HOW TO WIN EVERY ARGUMENT:THE USE AND ABUSE OF LOGIC(2ND EDITION) by MADSEN PIRIE
Copyright © Madsen Pirie,2015
This translation is published by arrangement with Bloomsbury Publishing Plc through Big Apple Agency,Inc.,Labuan,Malaysia.
Simplified Chinese edition copyright:
2018 Ginkgo(Beijing)Book Co., Ltd.
All rights reserved.
本中文简体版版权归属于银杏树下（北京）图书有限责任公司。
版权登记号：14-2018-0067

有用的逻辑学(第 2 版)

著　者：［美］梅森·皮里（Madsen Pirie）　译者：蔡依莹　付业莉
责任编辑：胡滨　刘荆路　特约编辑：王婷婷　筹划出版：银杏树下
出版统筹：吴兴元　营销推广：ONEBOOK
封面设计：7 拾 3 号工作室　装帧制造：墨白空间
出版发行：江西人民出版社　印刷：天津翔远印刷有限公司
690 毫米 × 1000 毫米　1/16　15 印张　字数 184 千字
2018 年 8 月第 1 版　2018 年 8 月第 1 次印刷
ISBN 978-7-210-10275-5
定价：38.00 元
赣版权登字 -01-2018-213

后浪出版咨询（北京）有限责任公司 常年法律顾问：北京大成律师事务所
周天晖 copyright@hinabook.com
未经许可，不得以任何方式复制或抄袭本书部分或全部内容
版权所有，侵权必究
如有质量问题，请寄回印厂调换。联系电话：010-64010019